KATJA EDELMANN

MEINE
Auszeiten

PFALZ

DURCHATMEN &
KRAFT SCHÖPFEN

DROSTE

*Dankeschön an alle
in der Pfalz, die schnell ihre
Türen zur Langsamkeit geöffnet
haben und daran festhalten,
loszulassen. Und zum vierten
Mal meinem Team Walter!*

Liebe Entspannungsuchende,

als ich letztens Freunde, Bekannte und Unbekannte gefragt habe, wo in der Pfalz sie am liebsten durchatmen und Kraft schöpfen, haben die meisten geantwortet: im Pfälzerwald. Das Grün macht die Seele ruhig, der Sandboden die Schritte weich, Mandelblüten und Kiefernnadeln die Luft aromatisch. Handy aus, „loslosse", Empfang gibt es nur für die Reize der Natur. Beim Paddeln, Picknicken oder Pilgern, beim Schaukeln, Schlafen oder Sternegucken gibt die Pfälzer Natur Kraft und Urvertrauen zurück. Und einige wärmeliebende Früchte, die man gerne hegt und pflegt und auf die man noch viel lieber im Rhythmus der Jahreszeiten wartet. Entspannung und Entschleunigung sind hier in gemächlichen Weindörfern, im pfälzischen Berg- und Felsenland seit jeher zu Hause. Die gestressten Städter aus den benachbarten Metropolen kommen gern hierher und herunter. Sie gönnen Körper und Seele Wärme und Wellness in Gärten, Weinfässern, Saunen und Klöstern, Abkühlung und Einkehr in Vinotheken, Kirchen und Salinen sowie Gemütlichkeit und Gelassenheit auf Weihern, Äckern, Booten und Baumhäusern. Zum Wohlbefinden – die Pfalz!

Deine Katja Edelmann

🌸 Meine Atempause

1. **WIE OMA AUS FRANKREICH** BlauSinn im Weingut Matthias Gaul 8
2. **SCHWEBST DU SCHON?** Just Float Kaiserslautern 10
3. **LÜNEBURGS SCHWESTER** Mehlinger Heide 12

▶ *Kein Stress für Flora und Fauna* 14

4. **WARTEN AUF EIDECHSE** Römisches Weingut Weilberg 16
5. **MIT POSITIVER ENERGIE** Nachhaltigkeitsdorf Rumbach 18
6. **WILLKOMMEN AM FLUSS** Rheinufer Speyer 20
7. **MIT KOFFERN UND KUTSCHEN** Auswanderermuseum Oberalben 22

▶ *Riech an Pilzen und fühl den Boden* 24

8. **GALERIE IM GRÜNEN** Wasserburg Reipoltskirchen 26
9. **DAS LEBEN IN SCHÖNHEIT FEIERN** Teehaus Ruppertsberg 28
10. **TÄGLICHE KUNST** Zehnthaus Jockgrim 30
11. **IN HARMONIE UND DISHARMONIE** Abteikirche Otterberg 32
12. **HYGGELIG ZU JEDER JAHRESZEIT** Blumen Gaab Landau 34
13. **VON DER STRASSE IN DIE MUSIK** Offenes Singen Pirmasens 36
14. **SICH IN DIE WÄRME TRÄUMEN** Binshof Spa Speyer 38

▶ *Länger als elf Sekunden* 40

15. **HIMMLISCHE ERFRISCHUNG** Teufelspfad Pirmasens 42
16. **SATTSEHEN UND SATTESSEN** Gärtnerei und Café Augenwaide 44
17. **KÖNIGE DER LANGSAMKEIT** Sumpfschildkröten Bobenheim 46
18. **AM SCHNECKENSCHLOSS** Weinberg Wingertschnegg 48

19 **EIN TRAUM IN PASTELL** Fifty's Museum Kapsweyer 50

▶ *Nichts als Ruhe* 52

20 **WISSEN, WIE MAN ABSCHALTET** Stadtbibliothek Ludwigshafen 54

21 **SONNE GEHT DURCH DEN MAGEN** Bodega dos Puentes 56

22 **ANMUT ÜBER ANNWEILER** Trifelsruhe Annweiler 58

23 **OASE FÜR SCHLAPPE RADFAHRER** Kirche Gommersheim 60

24 **BUNT WIE GRÜN** Kleingartenanlage am Ebenberg Landau 62

25 **FEIEROWWEND!** Halbersbacher Schubkarchstand 64

🌳 *Meine Kraftquelle*

26 **IM BADEZIMMER DER NATUR** Stand-Up-Paddeln Neuburg 66

27 **MEERESBRISE IM REBENMEER** Saline Bad Dürkheim 68

28 **GARTENGEMEINSCHAFT** Hack-MuseumsgARTen Ludwigshafen 70

▶ *Blühende Ergebnisse* 72

29 **PFÄLZER WALDQUELL** Hilschweiher Edenkobener Tal 74

30 **FRÜHSTÜCKE DICH FIT** Hotel-Restaurant René Bohn 76

31 **WO DIE SONNE UNTERGEHT** Burg(ruine) Falkenstein 78

32 **WEIBLICHKEIT DES SEINS** Atelier Bärbel Vogt Frankenthal 80

33 **WILDER, WILDER WALD** Waldlehrpfad Taubensuhl 82

34 **BIS IN DIE BLATTSPITZEN** Schönfeld – Die Tee-Gärtner 84

35 **BEI DER MODELLEISENBAHN** Eiswoog Ramsen 86

▶ *Loslassen wie im Schlaf* 88

36 **DER STOFF DER HEIMAT** Winzerblau Neustadt 90

37 **FESTBELEUCHTUNG DER NATUR** Altschlossfelsen Eppenbrunn 92

38 **MIT LEIB UND SOULDFOOD** Mira Suppen- und Salatbar Neustadt 94

39 **IM NAMEN DER ROSE** Rosengarten Zweibrücken 96

40 **TANZ DICH FREI!** Zentrum in balance Hainfeld 98

41 **WO ES NACH HEIMAT SCHMECKT** Wahlbacherhof Contwig 100

42 **BARFUSS ÜBERS MOOS** Waldbaden Speyer 102

▶ *Sing dich glücklich* 104

43 **LICHTBLICK IN DER DUNKELHEIT** Advent Freinsheim 106

44 **SPORT FREI IM WALD!** Nordic Walking Eppenbrunn 108

45 **PICKNICK AUF PFÄLZISCH** Weinhäuschen Gleisweiler 110

46 **HIER BIN ICH** Kloster Neustadt 112

47 **GESCHMACKSEXPLOSION** Kräuterschule Wildwiese Bad Bergzabern ... 114

▶ *Tanz, als würde niemand zusehen* 116

48 **WIE DIE AUFGEHENDE SONNE** Fumi Deidesheim 118

49 **PANORAMABLICK 360 GRAD** Reiserberg Schallodenbach 120

50 **WENN DER HIMMEL ERDET** Sternenwanderung Battenberg 122

☀ *Mein Tag Urlaub*

51 **OASE NEBEN DEM MEHLSPEICHER** Hofgut Holzmühle Westheim .. 124

52 **GEN HIMMEL WACHSEN** Weidenkirche Kaiserslautern 126

- 53 **KULTURBOTSCHAFTER WEIN** Weingut Janson-Bernhard 128
- 54 **WIE NEUGEBOREN** Saunawelt Dahner Felsland Badeparadies 130
- ▸ *Parfum der Natur* 132
- 55 **GRÜSSE VOM MITTELMEER** Hofgut Battenberg 134
- 56 **LANDLUST AUF RÄDERN** Kloster Hornbach 136
- 57 **LÄUFT WIE GEÖLT** Ölmühle Sankt Julian 138
- 58 **RADELN UND SCHIPPERN** Fähre Leimersheim 140
- 59 **KLOPFEN, KRÜMELN UND KREIEREN** Steinbildhauen Zellertal 142
- 60 **DURCH DIE ROSAROTE BRILLE** Mandelblütenführung Edenkoben 144
- 61 **SPÜRE NACH UND SCHMECKE!** Hotel Klostermühle Münchweiler 146

Meine Frei-Zeit

- 62 **SIE SCHICKT DER HIMMEL** Kloster Esthal 148
- 63 **FRÖHLICH WIE DIE FORELLE** Pfälzer Waldforellen Eußerthal 150
- 64 **ALPENFEELING AUF DER HÜTTE** Forsthaus Annweiler 152
- ▸ *Was Kinder (noch) können* 154
- 65 **SCHLAU WIE DER ESEL** Eselswanderung Rolbing 156
- 66 **WENIGER IST MEHR ... NATUR** Baumhaus Sankt Martin 158
- 67 **SO SCHMECKT DAS GLANTAL** Felschbachhof Ulmet 160
- 68 **FERNWEH GANZ NAH** Ferienbahnhof Reichenbach 162
- 69 **VOM KOPF IN DIE HAND** Werkhaus No. 12 Wachenheim 164
- 70 **RAUS AUS DER KOMFORTZONE!** Trekkingcamp Frankenstein 166

1  *Meine Atempause*

WIE OMA AUS FRANKREICH

Schon beim Wort Lavendel sehen wir unendliche Felder im bläulichen Lila der Provence schillern, lassen uns beruhigen vom sanften Duft der Blüte. BlauSinn holt dieses Gefühl in die Pfalz.

Die Natur in **Kostbares und Feines** zu verwandeln, hat im Weingut Gaul Tradition. Während Matthias Gaul mit den besten Spätburgundern die Gaumen der Weintrinker erobert hat, betört Anne Gaul die Sinne ihrer Kunden mit feinen Lavendel-Produkten von den eigenen Feldern um Asselheim. Die gebürtige Französin möchte ein Stück Provence in die Pfalz holen. Die Naturverbundenheit und ihr Gespür für Sinnlichkeit verdankt sie ihrer Großmutter. Von ihr lernte sie die Liebe zu Pflanzen und zum Kochen kennen, wollte die **Harmonie und Freude,** die ihre Oma mit Düften und Speisen versprühte, weitertragen. So pflanzte Anne Gaul 2014 echten Lavendel und Lavendin nahe einer alten Sandsteinmauer. 2019 folgte ein 2 Hektar großes Feld in Albsheim gegenüber der Alten Mühle, in der die Öle per Wasserdampfdestillation gewonnen und die Produkte ausgestellt werden sollen.

Für mich!
Spaziergang der Sinne am Rand der Lavendelfelder

Ab Juni wachsen und verfärben sich die neuen Lavendelblüten in **sattes Blaulila,** die für die Kunden zu ersten Sträußen gebunden werden und Frühlings- und Sommerfrische in die Wohnungen bringen. Bis Anfang August reift die Pflanze so weit, dass das Lavendelöl in den Blüten bereit für die Ernte ist. Bienen, Wespenspinnen, 40 Schmetterlingsarten, Fangschrecken wie die Gottesanbeterin fühlen sich vom Blütennektar magisch angezogen. Es schwirrt und surrt über den Feldern der nördlichen Weinstraße. Die Blüten tragen nun einen blasseren Lilaton – Zeit, die Pflanzen mit der Sichel zu schneiden und in Bündel zu packen, damit die kräftige Hochsommersonne sie natürlich trocknet. Danach werden sie in die Provence gebracht, wo Freunde der Familie Gaul, seit Jahrzehnten **à la française** die beste Qualität ätherischen Öls aus den Blüten herausholen. Das Ergebnis der Handarbeit kann man mitnehmen: Naturreines ätherisches Lavendelöl, handgeschöpfte Seife, Blütensäckchen oder Honig sind im Weingut als Geschenk und für den eigenen Genuss vorbereitet.

BlauSinn im Weingut Matthias Gaul, Weinstraße 10, 67269 Grünstadt-Asselheim, Tel. (0 63 59) 9 24 62 26, www.blausinn.de

2  *Meine Atempause*

SCHWEBST DU SCHON?

Beim Floating in Kaiserslautern wird der Körper in die Schwerelosigkeit versetzt: Ein himmlisches Entspannungsgefühl erobert Körper und Geist von der Kopfhaut bis in die Fußzehen.

Steht man vor dem Türschild von „Just Float" in einer verkehrsberuhigten Straße in der Innenstadt von Kaiserslautern, würde man das ganzheitliche Entspannungserlebnis in der ersten Etage nicht vermuten. Die **Überraschung** ist Teil des Konzepts im harmonischen Day Spa. Der Inhaber erklärt, wie die Session Floating funktioniert. Er führt neue Besucher in einen kleinen Einzelraum mit Dusche und einer immensen Badewanne, die aussieht wie der wassergefüllte Kofferraum eines 1970er-Jahre-Autos mit verschließbarer Heckklappe. Sie ist 40 Zentimeter hoch gefüllt mit farbig schimmerndem Wasser und unsichtbarem Salz. Warme Lichtstrahlen durchziehen das hautwarme Nass. Man ist allein mit sich, ganz konzentriert. Gespannt und noch leicht verspannt steigt man nach dem Abduschen in die **Entspannungskapsel** wie in eine neue Welt, schließt die Klappe und legt sich mit dem Rücken aufs Wasser. Vielleicht tendiert man anfangs noch dazu, Schwimmbewegungen zu machen. Man planscht und räkelt sich noch kurz in dem neuen Zustand, den man für unmöglich hält. Doch früher oder später merkt man, dass man getragen wird – von 30 Prozent Salzgehalt. Man liegt reglos, man vertraut, **man schwebt.** Gewicht und Ballast gibt man ans Wasser ab. Auf Knopfdruck kann man seichte Unterwasser-Melodien anschalten. Oder sie und die Beleuchtung ausschalten für völlige Dunkelheit und **Tiefenentspannung:** Die Sinne müssen keinem Reiz mehr folgen, der Geist nicht mehr wachen, der Körper muss nicht mehr reagieren – nur noch sein. Für 45 Minuten konzentriert man sich auf das Innere und auf echtes Nichtstun. Nach dem Floating kann man diesen Zustand im mit Salzsteinen gestalteten Ruheraum, in der wärmenden Infrarot-Kabine oder mit einer erholsamen Massage noch ein paar Stunden verlängern.

Für mich!
Den Ballast abgeben und sich tragen lassen

Just Float, Kanalstraße 24, 67655 Kaiserslautern,
Tel. (06 31) 37 34 21 12, www.justfloat.de

3 *Meine Atempause*

LÜNEBURGS SCHWESTER

Warum in den Norden schweifen, wenn die Heide liegt so nah? Die Mehlinger Heide ist eine riesige und überraschende Kraftquelle in der Pfalz.

Die Sinne bekommen ein **Schauspiel aus Farben, Formen, Düften und Geräuschen** präsentiert. Weniger ist mehr: Flacher, sandiger und sparsamer statt höher, schneller, weiter. Zu jeder Jahreszeit hält die einfache „Mondlandschaft" Spektakel bereit, die sonst übersehen werden: Sonnenstrahlen, Wolkenformationen und Nebelschwaden ziehen über die Weite der Heide hinweg und zeigen die **Kraft der Natur.** Das Highlight des Jahres ist natürlich die **Blütezeit** des Heidekrauts von Juli bis September: Rosa, Karminrot oder Purpur besticht der Teppich aus Besenheide den Betrachter.

Für mich!
Pures purpurnes Naturschauspiel

Dabei ist der Ursprung der größten Heide Süddeutschlands wenig friedvoll: Die Mehlinger Heide ist durch Rodung und Nutzung als Truppenübungsplatz entstanden. Doch zum Glück sind Ruhe und Frieden eingezogen. **Einzigartige Biotope** aus Sandflächen, Heidekraut, kleinen Tümpeln, Gebüschen und Kiefernwäldern geben seltenen Vogel- und Insektenarten ein Zuhause – und den Menschen neue Energie. Heidelerchen und Ziegenmelker brüten entspannt im lückigen Bewuchs am Boden. Wildbienen finden im Heidekraut ihre bevorzugten Pollen und bauen im Sandboden Brutröhren. Blauflügelige Ödlandschrecken bewegen sich auf dem trockenen, steinigen Sandboden leichtfüßig fort. Die Heidschnucke beißt Sprösslinge und Kräuter ab und bewahrt die Heidelandschaft davor, zuzuwachsen. Wer der genügsamen und schnuckeligen Schafsrasse zuschaut, wird ganz bescheiden und besonnen.

Der Artenreichtum macht die 400 Hektar große Heidelandschaft zu einem **Naturschutzgebiet.** Man kann sich auf einem 1,5 Kilometer langen Rundweg, dem Heideerlebnispfad, durch die krautige und hügelige Landschaft schlängeln. An naturnahen Stationen erfährt und experimentiert man dabei zu Vogelstimmen, Düften, Hölzern oder Sandstein. Führungen und Kutschfahrten werden auch angeboten.

Mehlinger Heide, Parkplatz an der Kaiserstraße, 67678 Mehlingen, www.enkenbach-alsenborn.de

Kein Stress für Flora und Fauna

Entschleunigung vom Einkauf bis zum Essen

ENTSPANNUNGSTECHNIK SLOW FOOD

Mit Slow Food isst man das, was hierzulande gerade reif ist. Die Schnecke ist ihr Symbol. Die Slow-Food-Bewegung weltweit, in Deutschland und in den drei Convivien Donnersberger Land-Glantal, Pfalz und Pfälzerwald vor Ort setzt sich für ein sozial und ökologisch verantwortungsvolles Lebensmittelsystem ein, schützt die biologische Vielfalt und das Tierwohl. Was das mit Verwöhnen und Entspannung zu tun hat? Slow Food bringt genussvolle, bewusste und regionale Zutaten auf die Teller und in die Münder. Slow Food kann man schmecken: Fleisch vom Glanrind, das das ganze Jahr über auf den Wiesen rund um den Donnersberg verbringt; Trauben, die im Zellertal mit der Hand gelesen werden; Esskastanien, die im Herbst geduldig am Rand der Haardt gesammelt werden, oder Ziegenkäse, der in Landau aus der Milch der Geißen hergestellt wird, wenn sie ihre Zicklein nicht mehr säugen.

In den drei Convivien der Pfalz haben sich Restaurants, Landwirte, Winzer, Bäcker, Metzger, Bierbrauer, Kaffeeröster, Chocolatiers und Hersteller von

Ölen, Essig oder anderer Feinkost der Slow-Food-Bewegung angeschlossen. Sie sind wählerisch und geduldig, warten bis Gemüse, Früchte, Kräuter, Fleisch oder Fisch natürlich gereift oder bereit zur Verarbeitung sind. Bei der Zubereitung oder Herstellung von Speisen orientieren sie sich an schonenden traditionellen Methoden. Häufig kehren sie zu dem zurück, was Oma und Opa noch wussten, taten und vertraten: Lebensmittel sind weder immer noch überall noch in unendlichen Mengen vorhanden.

Auch als Privatperson kann man entsprechend der Slow-Food-Idee leben: Los geht die Entschleunigung beim Einkauf. Wer samstags mit dem Einkaufskorb auf den Wochenmarkt geht oder im Hofladen im Nachbardorf kauft, besinnt sich auf den Ursprung der Lebensmittel und hat ein Herz für kleinere Produzenten. Man lernt im Winter Spitzkohl, Feldsalat und Rote Beete kennen, im späten Frühjahr Spargel und Erdbeeren, im Sommer Gurken, Pfirsiche und Paprika und im frühen Herbst explodiert der pfälzische Garten förmlich vor Weintrauben, Feigen, Auberginen , Esskastanien oder Süßmandeln. Man isst, was die Natur auf den Tisch bringt und ist der Sonne, der Erde und den Landwirten und Winzern unendlich dankbar für diesen vollmundigen Geschmack.

4  *Meine Atempause*

WARTEN AUF EIDECHSE

Seit fast 2000 Jahren thront das älteste Weingut der Pfalz prachtvoll in den Weinbergen bei Ungstein. Die Villa rustica ist mit ihren Säulen und Mauern nach wie vor eine römische Schönheit.

Mediterran und sandsteinfarben strahlen die freigelegten Mauern der **Villa rustica** am Weilberg mit der Sonne um die Wette. Das ästhetische Highlight sind drei imposante **rekonstruierte römische Säulen** auf der Südmauer des einstigen Haupthauses. Das satte Grün der Reben um den Komplex herum wächst mit den Pflanzen im Inneren um die Wette. Der Kontrast zwischen gelb-rötlichen Gemäuern, grüner Flora und blauem Himmel wirkt fast unecht vor Schönheit. Doch diese **Anmut,** dieses Schauspiel, diese Farben und Formen lassen das Herz frohlocken und überzeugen den Verstand, das Unglaubliche anzunehmen.

Für mich!
Mediterrane Schönheit

„Salve, Freunde Roms!", teilt der Hausherr Septimus Romulus Victor den Besuchern mit. Auf einem Schild am Eingang des Landgut-Komplexes lädt er schriftlich in einem lateinischen und auf Deutsch übersetzten Text dazu ein, sich ein Plätzchen hinter den Säulen zu suchen, in Wirklichkeit oder in Gedanken ein Glas Weilberg-Wein zu trinken und ins Land zu blicken. Der Botschaft sollte man folgen.

Vielleicht hat man Wein aus heutigen Zeiten und Landen mitgebracht, die Picknickdecke oder einen Klappstuhl untergeklemmt? So findet man ein Plätzchen zwischen oder neben den Mauern, die einst das Herrenhaus, den Badetrakt (man kann noch Latrinen erkennen), den Pferdestall oder das Kelterhaus unterhalb umschlossen haben. Bei einer Führung kann man dort die Kelterbecken bewundern, bei Weinfesten werden in ihnen wie ursprünglich Weintrauben mit Füßen zertreten.

Doch nicht nur den Nostalgikern und Weinbaufans gefällt es in der Nähe dieses anschaulichen „**Höhepunkts der Weinkultur**". Auch Naturfreunde sind hier fasziniert und gefesselt: Bleibt man ruhig stehen oder sitzt, sieht man schnell **Eidechsen** in den Ritzen der warmen Mauern auftauchen, die fangen spielen, sich sonnen oder gegen die Grashalme stupsen – ein Höhepunkt der **Entspannungskultur.**

Römisches Weingut Weilberg, Weinstraße Ungstein, 67098 Bad Dürkheim-Ungstein, (bis Parkplatz, dann zu Fuß), Tel. (0 63 22) 9 35 45 00

5  *Meine Atempause*

MIT POSITIVER ENERGIE

Ganz schön und naturverliebt ist das Dörfchen Rumbach in der Südwestpfalz. Der „staatlich anerkannte Erholungsort" auf dem Ortseingangsschild ist hier Programm.

Wie die Dorfälteste steht die tausendjährige romanische Christuskirche auf der Anhöhe und wacht im denkmalgeschützten Ortskern über die Geschehnisse in Rumbach. Könnte sie sprechen, würde sie die rund 450 Bewohner für ihre **Weitsicht und Wertschätzung** loben. Ausgezeichnet wurde das Dorf schon von anderer Stelle: 2009 als erste „Fairtrade-Gemeinde" in der Pfalz und Rheinland-Pfalz sowie 2019 für die „vorbildlichen ökologischen Leistungen" als Dorf mit Zukunft.

Um alle und alles Natürliche kümmern sich die Rumbacher: Bienen, Schmetterlinge und Vögel finden Nektar in sprießenden Vorgärten und Blumenrabatten an den Durchgangsstraßen. Regenwasser darf in unversiegelte Hofflächen fließen. Insekten oder Eidechsen verstecken sich in Sandsteinmauern, Hecken und Dorfnischen. Hausbegrünungen und große Blätterdächer von Eichen, Linden und Kastanien geben Vögeln Unterschlupf, spenden Schatten und frische Luft. Die Bäume aus dem Rumbacher Gemeindewald werden naturnah und nachhaltig bewirtschaftet. Für den bedrohten Hirschkäfer & Co. sind die angelegten Altholzinseln **Nahrungsquelle und Rückzugsort**. Für die Gesundheit der Bewohner, der Naturfreunde und Pilgerer sowie der tag- und nachtaktiven Tiere verzichtet Rumbach seit 2021 als erste **„Gemeinde unter den Sternen"** im Sternenpark Pfälzerwald auf übermäßige Beleuchtung.

Der Umweltschutz sorgt auch beim Anblick für **positive Energie**: Die Balken der Fachwerkhäuser erzählen in Jahreszahlen und Nachnamen die Geschichte der ersten Bewohner. Wasser rauscht in den zahlreichen Brunnen und im Rumbach. Ein Kneippbecken sorgt für Abkühlung. Blumen, Ranken und (Un-)Kräuter entfalten sich in den Vorgärten und Blumenkübeln, ohne dass sie beschnitten oder begradigt werden. Die Rumbacher lassen los und ihrer Natur freien Lauf.

> **Für mich!**
> Auf dem Pfälzischen Jakobsweg nach Frankreich pilgern

Rumbach, Parkplatz Kirchdöll 1, 76891 Rumbach,
www.rumbach-pfalz.de

WILLKOMMEN AM FLUSS

Wasser, Wellen, Wonne. In die Ferne schweifen. Sich festigen oder wegträumen. Das geht bei einem lauen Lüftchen am Rhein in Speyer.

Ob zu Gast oder heimisch, ob von nah oder fern, ob auf der Durchreise oder am Ziel: Am Schiffsanleger in Speyer am Rhein ist Freiheit. Frei wie der Wind und die Wellen und das Wetter fühlt man sich am längsten Fluss Deutschlands.
Hier weht immer ein frisches Lüftchen. Es beschleicht den Sitzenden, den Wartenden, den Spazierenden das Gefühl, an diesem Ort als erster den Frühling, Sommer, Herbst oder Winter empfangen zu können. Im Sommerhalbjahr tanzen bunte Flaggen am Schiffsanlegemast am Helmut-Kohl-Ufer. Vor Weihnachten ist dieser mit Glühbirnen drapiert, die in Form eines Weihnachtsbaumes die dunkle Jahreszeit erhellen.

Für mich!
Mit dem Ausflugsschiff Pfälzerland auf dem Altrhein schippern

Man sitzt am Fluss, Nase in den Wind, Augen in die Weite. Dann kommt wieder ein Schiff von Amsterdam nach Basel vorbei, ein Tanker von Karlsruhe nach Köln. Ob man melancholisch den Vorbeiziehenden winken möchte oder fröhlich aufspringen: Man ist gepackt von der Freiheit und der Sehnsucht nach der weiten Welt.
Er fließt und verbindet, wenig bringt ihn aus der Ruhe. Alles im Fluss. Er bahnt sich seinen Weg, egal in welchem Jahrhundert, egal was passiert, egal wer die Territorien aufteilt. Seins bleibt. Trotz aller menschgemachter Begrenzungen und Begradigungen ist er Natur. Hier lernt man, ihn so zu nehmen, wie er ist: im Frühjahr vom bergigen Schmelzwasser sehr hoch, im Sommer wegen der hohen Temperaturen sehr niedrig, Lebensader für gerngesehene Rheinmöwen oder unerwünschte Stechmücken.
Wer es bodenständig mag, bekommt flüssige und feste Nahrung in den beiden nahgelegenen Restaurants und Biergärten, die sich wie zwei Söhne unterscheiden: Der älteste Biergarten von Speyer lockt rustikal und saisonal mit pfälzischer Küche von Spargel über Leberknödel bis Wurstsalat. Gegenüber liebreizt das Rentschlers mit schicker, experimentierfreudiger Cuisine hinter großflächigen Fenstern und Weingarten im Sommer.

Helmut-Kohl-Ufer bis zum Deich an der Franz-Kirrmeier-Straße, 67346 Speyer

7  Meine Atempause

MIT KOFFERN UND KUTSCHEN

In einer anderen Welt verweilen, Geschichten der Vorfahren hören, die Perspektive wechseln – im Auswanderermuseum in Oberalben geht man auf eine Reise in die Vergangenheit vieler Pfälzer.

Weberinnen, Pfarrer oder Hufschmiede aus der sogenannten Alten Welt (rund um die Flusstäler von Glan, Alsenz und Lauter) wanderten zwischen dem 17. und 19. Jahrhundert in die **Neue Welt** nach Amerika aus. Viele hatten fast nichts zu essen, andere wurden religiös verfolgt, wieder andere ließen sich von der Auswandererwelle mitreißen, um ein neues Leben zu beginnen. Davon erzählt das Auswanderermuseum in Oberalben, ein kleines Dorf im Kuseler Bergland – oder besser gesagt Heidrun Werner, die eloquent und emotional durch die Ausstellung und die **Lebensgeschichten** führt. Von außen wirkt das Museum mitten im Dorf, das 1993 in einer ehemaligen Scheune und Schankwirtschaft eingerichtet wurde, wie ein bestens erhaltener und gut versteckter Schatz Zeitgeschichte, der die Vorfahren aus der „Arme-Leute-Region" zum Leben erweckt. Lebensgroße Puppen stellen Szenen des Alltags am Webstuhl nach. Ein originalgetreues Schiffsdeck dokumentiert die Überfahrt der abenteuerbereiten Pfälzer auf dem Zwischendeck der „Hermine". **Briefe, dicke Namensbücher und Kutschen,** mit denen die Emigranten westwärts gezogen sind, berichten davon, wie die Pfälzer sich im neuen Leben an der Ostküste der USA oder Südamerika zurechtgefunden haben. Bis heute haben die aus der Pfalz stämmigen Mennoniten als religiöse Amish People ihren **Pennsylvania-Dutch-Dialekt** bewahrt, wo das „Uffstoßbalsam" noch heute einen Schnaps bezeichnet.

Neben Heidrun Werners Live-Erzählungen kann man auf den digitalen Bildschirmen mehr über berühmte Pfälzer Auswanderer – wie über die Familie des Heinz-Ketchup-Fabrikanten, die Familie von Levi Strauß oder den Zeitungskarikaturisten Thomas Nast – erfahren. Man fühlt sich in das Schicksal der einstigen Neu-Amerikaner ein und ist dankbar, dass man hier und jetzt gut und frei leben kann.

Für mich!
Reise in die Vergangenheit

Auswanderermuseum Oberalben, Hauptstraße 3b, 66871 Oberalben, Tel. (0 63 81) 32 37 (Heidrun Werner) www.auswanderermuseum.de

Riech an Pilzen und fühl den Boden

Entdecken, was der Waldboden bereithält

WALDBADEN LÄSST KÖRPER UND SEELE TIEF ENTSPANNEN

In Japan gibt es Shinrin Yoku, wie Waldbaden dort genannt wird, auf Rezept vom Arzt. Es ist dort seit den 1980er-Jahren wissenschaftlich anerkannt, um beispielsweise Bluthochdruck oder Depression zu kurieren. Auch wir Deutschen lieben unseren Wald, nutzen ihn aber „nur" zum Spazieren, zum Abschalten oder um mit dem Hund Gassi zu gehen. Doch beim Waldbaden taucht man tiefer in den Wald ein und entspannt sich intensiver.

Wahrnehmen, spüren, achtsam sein: Was man im Wald mit den Händen begreift oder mit den Füßen betritt, lässt sich in den Alltag mitnehmen. Im Wald übt man für den Alltag. Man wendet sich dem zu, was der Wald auf seinem Tablett bereithält, beispielsweise den Waldboden: Mit den Fingerspitzen berührt man Moos, Laub oder Äste, die auf dem Boden liegen oder auf ihm wachsen. Danach nimmt man eine Handvoll davon in die Hände und riecht daran: Erdiger, modriger Dunst strömt in die Nase.

Man spürt auf der Haut, welche Konsistenz Mutter Erde hat: Fühlt es sich glitschig, feucht oder sandig an? Die Jahreszeiten verändern die Beschaffenheit: Jeden Tag, jede Woche, jeden Monat – immer wieder fühlt sich der Waldboden anders an. In der Hand hält man eine veränderliche Kraft, die man fassen und in sich aufnehmen kann. Man übt sich im Wahrnehmen mit dem Wald als Lehrmeister, der nie müde wird.

Der Wald beeinflusst unsere körperliche und seelische Verfassung positiv, das hat die japanische Waldmedizin-Forschung längst bewiesen. Denn wer Baumstämme, Äste, Nadeln, Zweige, Blätter, Zapfen, Farne, Moos, Blüten, Pilze, totes Laub oder den Mix daraus am Boden sieht, riecht, fühlt, greift, hört und spürt, überträgt das vielleicht auch auf den Alltag beim Gemüseschneiden oder Bettenmachen. Verloren geglaubte Sinne werden geschärft. Man nimmt die Kleinigkeiten und Aufgaben des Alltags in Zeitlupe wahr, ist dankbar und fühlt sich vom Äußeren fürs Innere gestärkt. Die Natur hält uns. Wir sind ein Teil von ihr. Beim Waldbaden kommen wir ihr nah.

8 ❀ *Meine Atempause*

GALERIE IM GRÜNEN

Wasser entspannt, Burgmauern stärken, Kunst inspiriert. Die Kombination daraus findet man auf dem Skulpturenweg rund um die Wasserburg Reipoltskirchen.

Wie eine letzte Zeugin steht die Tiefburg im beschaulichen Dörfchen stellvertretend für viele Burgen im Kuseler Land, die das Bachwasser um sich gestaut halten. **Abseits von allem Trubel** am idyllischen Odenbach gelegen, beherbergt die Burgmauer ein Wohnhaus, ein Standesamt, eine Malschule sowie ein Restaurant. Hier wird man als Ruhesuchender, Spaziergänger oder Künstler nur von der Natur abgelenkt.

Wie gemalt liegt die Wasserburg romantisch im kleinen grünen Tal, das von sanften Nordpfälzer Hügeln umgeben ist. Überragend steht nach fast tausend Jahren der 17 Meter hohe Bergfried. In den Burghof und das Restaurant „Plaisir", das mit frischen, regionalen Zutaten ein Vergnügen für die Gäste ist, gelangt man über eine steinerne Brücke. Dort grasen zwei Ziegen auf einem Podest vor der Malschule - natürlich als Skulpturen, eine Einstimmung auf die **„Galerie im Grünen".** So wird der Skulpturenweg rund um die Wasserburg bezeichnet.

Für mich!
Blütenhonig von den Wiesen des Odenbachs mitnehmen

Als „Europäische Straße des Friedens" verbindet der zirka ein Kilometer lange Spazierweg Künstler und Kunstwerke aus Finnland, Frankreich, Ungarn und Deutschland. **Beschwingt und frei,** wie Europa sein soll, kann man den Skulpturen nahekommen. Eine Brücke markiert den Start des naturbelassenen Rundgangs. Der französische Künstler hat den Geländern **Flügel** verliehen. Über das plätschernde Nass mitten im Grün schwebt man fast. Der Weg hinauf führt leichtfüßig über die Wiese vorbei an Bienen-Schaukästen, an denen die Nachbarn das Imkern erklären und Sommerblütenhonig verkaufen. Fast am oberen Weg angekommen, schimmert ein geflügeltes Objekt durch die Bäume, einige hundert Meter hängt eine Kunststoffkritik in den Wipfeln, wieder später folgen hölzerne, gläserne und metallische Installationen. **Wie ein Maler** ist man frei in der Perspektive: Man schaut mal auf den Weg, mal auf die Skulpturen, mal zurück durch das Blätterwerk auf die Wasserburg. Immer wieder fasst man die Umgebung neu auf und schöpft **neue Kraft.**

Wasserburg Reipoltskirchen und **Restaurant Plaisir,** Schloßstraße 1, 67753 Reipoltskirchen, www.wasserburg-reipoltskirchen.de, plaisir-wasserburg.de

KUNST UND KULINARIK IM GRÜNEN

9  *Meine Atempause*

DAS LEBEN IN SCHÖNHEIT FEIERN

Wo im Einklang mit der Natur gekocht wird, wird auch im Einklang mit der Natur gefeiert. Das wiederaufgebaute Teehaus Ruppertsberg empfängt Gäste feierlich inmitten des Rebenmeers.

Stell dir vor, es ist um 1875. Die frisch verheirateten Weingutsbesitzer Geheimrat Dr. Albert Bürklin und Luise Wolf reisen in der Kutsche von ihrem Palais in Karlsruhe zur Sommerresidenz in ihrem Weingut Bürklin-Wolf in Wachenheim. Als Zwischenhalt zelebrieren sie ein Teestündchen im Teehaus Ruppertsberg. Der klassizistische Gartenpavillon von 1844 ist wunderschön **umringt von Weinreben.**
Stell dir vor, du bist in das quadratische kleine und feine Lusthäuschen eingeladen. Der Festsaal strahlt mit seinem salbeifarbenen Anstrich Wohlgefühl aus, die hohen Holzglasfenster leuchten im oberen Teil karminrot und inszenieren ein **Farbspiel an Wänden und Boden.** Hochwertige Holztüren, Knäufe, Badarmaturen und die verspielte Deckenverzierung versprühen einen **Hauch von Luxus** neben dem benachbarten Hofgut mit Wohnhaus und Wirtschaftsgebäuden.

Für mich!
Frische Bio-Köstlichkeiten aus dem Hofladen mitnehmen

Wie vor 150 Jahren finden hier Festmähler im szenischen Gebäude statt, Empfänge draußen auf der Terrasse mit **Kräuter- und Blütenbeet.** Nach einem Brand organisierte der Förderverein die aufwendige Restaurierung, ermöglicht durch Spenden und ehrenamtliche Arbeit der Handwerker. So wird seit 2021 im Teehaus das Leben wieder mitten in Flora und Fauna gefeiert, bei Familienfeiern, feinen Dinnern, Hochzeiten oder Kulturveranstaltungen. Das ausgezeichnete Hofgut Ruppertsberg nebenan verwöhnt die Festgesellschaft mit puren und biodynamisch produzierten Speisen und Getränken aus der Region oder einem guten Tropfen vom eigenen Weinberg.
Das ist ein Fest für die Sinne: Vögel zwitschern, Insekten schwirren, Weintrauben reifen – immer gut sichtbar durch die großzügigen Fenster und Türen in alle vier Himmelsrichtungen. Die Natur ist im Teehaus und das Teehaus in der Natur. Eine Schönheit, von der man die Augen nicht lassen kann, wenn man am Hoheberg spaziert oder an der westlichen Ortseinfahrt Ruppertsberg unterwegs ist.

Teehaus Ruppertsberg am Hofgut Ruppertsberg, Obergasse 2, 67152 Ruppertsberg, Tel. (0 63 26) 98 20 97, www.dashofgut.de, teehaus-ruppertsberg.de

10 ❋ *Meine Atempause*

TÄGLICHE KUNST

Das Zehnthaus Jockgrim bringt regelmäßig neue pfälzische Kunst und Kultur auf die Bühne, in Kopf und Beine des Publikums.

Allein das Hinterstädtel des Örtchens Jockgrim ist schon ein Augenschmaus. Ein Fachwerkhaus neben dem anderen ist Zeuge und Botschafter des 18. Jahrhunderts und wird von den schöngeistigen Bewohnern gehegt und gepflegt. In diesen Geist reiht sich das Zehnthaus perfekt ein. Skulpturen begrüßen den Kulturfreund bereits am Eingang. Das denkmalgeschützte ehemalige Zehnthaus hält in seinem Inneren nicht nur einen großzügigen, luftigen Innenhof bereit, sondern bietet bildende **Kunst, Musik und Literatur.** Diese zu zeigen, aufzuführen, zu lesen und zu fördern, hat sich der Kunstverein seit 1977 zur Aufgabe gemacht.

Das Programm trägt Kunst- und Kulturmenschen durchs Jahr. Beständig und **regional verbunden** bekommen Geist und Körper hier **neue Inspirationen** und Perspektiven. So fängt der Januar mit „Musik und Poesie" an. Zu den lesenden Schriftstellern gesellen sich Musiker an Piano oder Gitarre. Im März zeigen Maler ihre Bilder und Plastiken in den verwinkelten Ausstellungsräumen auf mehreren Etagen. Der obere ausgebaute Spitzboden ist schön schief und nur 2 Quadratmeter klein. Im April gibt es eine **Überraschungsausstellung** von Künstlerkollektiven. Es folgt „Rock in den Mai" im Innenhof und Innenraum, bei dem das kultige Interieur wie der Beat-Club des deutschen Fernsehens in den 60er- und 70er-Jahren anmutet. Songs von The Doors oder Deep Purple werden künstlerisch neu interpretiert statt schnöde gecovert. **Stimmung** kommt beim „Blues im Hof", beim Sommerfest mit Flamenco-Pop, beim Hinterstädtelfest mit Folklore und Chanson oder im Oktober mit der Hauenstein-Preisverleihung und Ausstellung von Nachwuchskünstlern auf. Das Jahr schließt das Jugendorchester mit einem Weihnachtskonzert ab. Den Ton macht die Musik, auch wenn die jahrhundertealten Balken knarzen.

> *Für mich!*
> Mitglied im Kunstverein Zehnthaus werden

Zehnthaus, Ludwigstraße 26–28, 76751 Jockgrim,
www.zehnthaus.net

11 ❀ *Meine Atempause*

IN HARMONIE UND DISHARMONIE

Erhabene Schönheit und verbindende Offenheit – die Abteikirche Otterberg ist ein spiritueller Ort für die, die Frieden suchen oder zur Musik finden wollen.

Die mittelalterliche Abteikirche in Otterberg, einem beschaulichen Städtchen mit malerischen Fachwerkfassaden bei Kaiserslautern, kann man kaum übersehen. **Majestätisch** steht sie seit 900 Jahren an Ort und Stelle. Die Mauern und Pfeiler aus weißgelbem und fein behauenem Sandstein wirken wie eine freundliche Einladung, sich in die ehemalige Klosterkirche der Zisterziensermönche hineinzuwagen. Legt man die Hand auf die als Fisch gestaltete Klinke, um die immense Tür an der Kirchstraße zu öffnen, fühlt man sich ganz demütig und voller Erwartungen.

Man betritt einen imposanten Raum von 73 Metern Länge und 20 Metern Gewölbehöhe, die vor und über einem liegen. Klar und schnörkellos ist der in den 1990er-Jahren renovierte Innenraum strukturiert. In der zweitgrößten Kirche der Pfalz ist viel Platz, um **Gedanken,** Gefühlen und Erinnerungen freien Lauf zu lassen, zu sortieren und loszulassen. Der Sakralbau will keine große Aufmerksamkeit, sondern in **Dialog** mit dem Besucher treten. Man schreitet am Seiten- oder Mittelschiff in Richtung Altar entlang. Die eigenen Schritte hallen im unglaublichen Klangkörper dieses Kirchenraums.

Für mich!
Klänge spüren und auf sich selbst besinnen

Wer statt der Stille lebendige Akustik erleben möchte, ist in der Abteikirche ebenfalls richtig: Regelmäßig gastieren Musiker, Sänger und Chöre aus aller Welt hier, um Choräle, Volkshymnen, Musicals, Oratorien, Klavier- oder Orgelstücke aufzuführen. Die klangvollen Harmonien und Disharmonien sind ein **Genuss für die Ohren.** Man fühlt sich verbunden mit Himmel, Erde und der Gemeinschaft. Verbindend wirkt die Klosterkirche auch zwischen den christlichen Konfessionen, die beide bis heute in der Simultankirche vereint sind. Die trennende Mauer zwischen katholischen und evangelischen Christen wurde 1979 herausgerissen. Ein Hoch auf den offenen Raum!

Abteikirche Otterberg, Kirchstraße 3 (evangelisch), Klosterstraße 17 (katholisch), 67697 Otterberg, www.abteikirche-otterberg.de

Meine Atempause

HYGGELIG ZU JEDER JAHRESZEIT

Menschen brauchen Blumen und Pflanzen. Nicht nur um Sauerstoff zu gewinnen, sondern vielmehr für die Seele, die Freude, die Farben. Bei Blumen Gaab in Landau gibt es diese Stimmungsaufheller.

Ob Sommer oder Winter, bei Freude oder Trauer, für Geburtstage oder Hochzeiten oder für neuen Glanz in alten Mauern: Pflanzen sind mentale Lebensretter. Stellen wir uns vor: Es ist Winter in der sonst von der Natur reich beschenkten Pfalz. Doch zwischen November und Februar haben – neben Kiefern oder Douglasien und einigen immergrünen Stauden und Sträuchern – die meisten Pflanzen Winterpause, es überwiegen graue und braune Farbtöne in der Natur. Das Gemüt aber könnte einen fröhlichen **Farbtupfer und Lichtblick** gebrauchen. Also auf nach Landau! Der Ausflug in die kreativen Hallen von Blumen Gaab ist **kraftspendend.** Hier warten ab Mitte November blumige Adventskalender, strahlende Adventskränze und kleine Tannenbäumchen wie ein lichtbringender Winterwald.

Für mich!
Design für zu Hause aus der Natur

Wenige Wochen später, wenn der Vorfrühling naht, reihen sich rote, gelbe und lila Primeln oder Stiefmütterchen als Beet- und Balkonpflanzen im kühleren Haus aneinander. Im Warmhaus macht das kräftige Gelb am überwinternden Zitronenbäumchen nicht sauer, sondern lustig. Und Palmen spenden Dschungelgefühle und sattgrüne **gute Laune.**
Doch nicht nur Orchidee und Sukkulente, Anthurie und Ficus warten darauf, das Zuhause der Pfälzer zu verschönern. Neben den Zimmerpflanzen aus der Gaab-Gärtnerei werden der Jahreszeit entsprechend Ranunkeln, Anemonen oder Dahlien zu frischen Sträußen gebunden.
Die kreative saisonale Floristik wird komplettiert von einer Lifestyle-Abteilung mit wohlgeformten Vasen, Keramikgefäßen, Geschirr, Lampen, Papeterie, Kissen und Wohntextilien in kräftigen oder dezenten Farbnuancen. Der luftige lichtdurchflutete Raum im Warmhaus, der von schwarzen oder holzigen Zwischenwänden unterbrochen wird, erinnert an skandinavisches Design und verbreitet **Hygge-Gefühl.** So nimmt man sich einen Hingucker für zu Hause mit und blüht wieder auf.

Blumen Gaab, Queichheimer Hauptstraße 19, 76829 Landau,
Tel. (0 63 41) 98 76 40, www.blumengaab.de

13 ❋ *Meine Atempause*

VON DER STRASSE IN DIE MUSIK

Anstrengung für die Stimmbänder ist Entspannung für die Seele: An einigen Tagen ruft die Lutherkirche Pirmasens zum offenen und zwanglosen Gemeinschaftssingen herein.

Es ist Markt und verkaufsoffener Samstag oder Sonntag in Pirmasens. Beim Einkaufen vernimmt man Musik, die aus der Lutherkirche vom Klavier und Keyboard oder manchmal einer Band tönt. Man wippt mit, erkennt Gospelrhythmen, die Melodien von „Down by the riverside" oder „Du bist die Kraft". Ein Schild mit dem Aufdruck „Komm vorbei – Sing mit" hängt einladend an der Kirchentür. Man braucht keine Vorkenntnisse, nur **Lust am Singen:** Ein Ehepaar traut sich herein, stellt die gefüllten Einkaufstaschen ab und trällert mit. Zwei Freundinnen gesellen sich dazu. Gestandene und Neusänger werden ein spontaner Chor.

Die Singenden haben Konzentrations- und **Lachfalten** im Gesicht. Behutsam studieren die einen die Noten und Texte, die anderen machen es einfach dem Chorleiter oder der gesangssicheren Nachbarin nach. Durch das Programm führt wahlweise der Bezirkskantor mit der Band der Johanneskirchengemeinde, Leute vom Gospelchor Churchies, vom Jugendchor Unisono oder anderen Ensembles. Was gesungen wird, hängt von der Tagesform und Stimmung ab: Hauptsache, es ist modern, abwechslungsreich und sorgt für gute Laune.

Für mich!
Statt allein unter der Dusche, gemeinsam singen

Diese stellt sich nach wenigen Minuten oder einer Stunde ein. Die Spontansänger können so lange bleiben und mitsingen, wie sie wollen. Schwingende Stimmbänder, beschwingte Menschen. Musik bringt die Gefühle zutage und berührt die Besucher. Manche lachen, andere haben Tränen in den Augen und suchen ein Taschentuch zum Abtupfen. Sie kehren ihre **Sehnsucht** oder Trauer beim Singen nach außen. Man spürt, welche Kraft in der Musik, in einem selbst und in der Gemeinschaft steckt – und wie sie **ausgeglichen und zufrieden** macht. Beim Anziehen und Hinausgehen summen die Besucher das letzte Lied nach, nicht ohne nach den nächsten Terminen zu fragen. Man singt nicht nur „Du bist die Kraft, die mir oft fehlt", sondern hat sie wiedergefunden.

Lutherkirche Pirmasens, Hauptstraße 58, 66953 Pirmasens, lutherkirche-pirmasens.de/kommvorbei-singmit

14 ❋ Meine Atempause

SICH IN DIE WÄRME TRÄUMEN

Domstadt-Gäste und Domstädter suchen inmitten jahrtausendalter Kultur auch Erholung. Diese finden sie im nahe gelegenen Wellnesshotel und Binshof Spa Speyer.

Kaiser, Bischöfe, Königinnen und Weltpolitiker waren in Speyer zu Hause oder zu Gast. Herrschaftlich kann man sich auch heute unweit von Speyer **verwöhnen** lassen: Das Wellnesshotel Lindner mit dem Binshof Spa Speyer ist die beste Wahl für ein paar wohlige Stunden. Nimmt man am Eingang den Duft von Saunaaufguss und Massageöl wahr, strömt **Wohlgefühl** in den Kopf, bevor der Körper etwas davon spürt.

In den wechselnd farbig beleuchteten Innenpool taucht man sportiv oder gemächlich ein. Er führt in ein Außenbecken mit gleichbleibend wohltuend warmem Wasser. Gegen Verspannungen sprudeln Massagedüsen in zwei kleinen Whirlpools. Warme toskanische Erdtöne und erfrischende Meeresfarben sorgen für ein **mediterranes Ambiente.** Saunagäste können in jedem Durchgang ein anderes Konzept probieren, von der 90 Grad Celsius heißen finnischen Sauna über die Kelo-Kräutersauna bis zum Tepidarium bei 40 Grad Celsius. Abkühlung bekommt man beim Sprung in den Süßwasserpool, der neben dem terrakottafarbenen Hammam im Saunagarten liegt.

Für mich!
Abhärtung für den Körper, Auftanken für die Seele

Von den Ruheräumen aus blickt man durch große Scheiben zu den mediterranen Pflanzen. Wer die Entspannung komplett machen will, gönnt sich dazu ein Rosenblütenbad, eine Massage-Choreografie oder eine Einheit Orient-Dampfbad.

Ist man körperlich im sonnigen Süden aufgewärmt, fehlt noch die **kulinarische Reise** dorthin. Im Restaurant Noche Mediterranea ist diese nur wenige Schritte entfernt. „Der kleine Spanier" José Luis und sein Team kombinieren iberische Spezialitäten: Paella aus Valencia, Craftbeer aus Toledo (der Heimat des Inhabers), Rioja-Weine aus La Rioja, Gambas al Ajillo aus Galizien oder Crema Catalana aus Katalonien. Wie ein guter Reiseleiter erklärt das spanische oder lateinamerikanische Servicepersonal die Stationen mit schönen Anekdoten. Wem es zu warm oder heiß ist, bekommt vom Barmann auch gern einen passenden **Cocktail zum Cooldown.**

Wellnesshotel Lindner und Binshof Spa Speyer, Binshof 1, 67346 Speyer, Tel. (0 62 32) 6 47-6 02 oder -6 67, www.binshof-spa.de

Länger als elf Sekunden

Was macht das Kunstwerk mit dir?

SLOW ART - DIE MUSSE DER KUNSTBETRACHTUNG

Wohlfühlprogramm im Museum oder in einer Ausstellung? Körperlich scheint die Betrachtung eines Gemäldes oder Fotos, einer Installation oder Skulptur nur einen Sinn anzusprechen: das Sehen. Der Trend zu „Slow Art" will das ändern. Kunstwerke sollen langfristig und auf den ganzen Körper und Geist wirken.

Elf Sekunden Aufmerksamkeit hat der Besucher – statistisch errechnet – für jedes Kunstwerk in der Galerie oder im Museum. Dann schon wird er abgelenkt, quatscht mit der Begleitung, schaut aufs Handy oder schlendert weiter zur nächsten Attraktion. Die Kunst der langsamen Betrachtung dagegen empfiehlt, Bild oder Skulptur 15 bis 20 Minuten anzuschauen. Man kann es sich aber auch vor dem Kunstwerk gemütlich machen: Manche bringen einen Klappstuhl mit ins Museum, andere legen sich auf den Boden (falls dem Personal genehm).

Schenke dir und dem Kunstwerk mehr Zeit! In den ersten Sekunden und Minuten betrachtest du das Kunstwerk im Ganzen, erkennst Auffälligkeiten. Farben und Formen werden im Gehirn mit dem verglichen, was du schon kennst und gesehen hast. Wie früher im Kunstunterricht geht es nun an die Details: Wie würdest du das Werk einem Blinden beschreiben?

- Welche Farben siehst du, welche Formen?
- Welche Charaktere, welche Elemente sind dargestellt?
- Welche Atmosphäre herrscht?
- Welche Struktur hat das Kunstwerk?
- Welcher Kunststil und welche Schöpfungszeit sind erkennbar?
- Mit welcher Technik hat der Künstler es erschaffen?
- Welche Gefühle mag der Schöpfer gehabt haben und zum Ausdruck bringen?

Nach achtsamer Betrachtung, innerlicher Beschreibung, Einordnung und Interpretation solltest du dem Werk zugestehen, mit dir eine Verbindung einzugehen. Was macht das Kunstwerk mit dir? Welche Gefühle und Reaktionen kommen beim Anblick in dir auf? Verstört, beruhigt, verärgert, verwöhnt, aktiviert, besänftigt es dich? Verändert dich das, was du wahrgenommen hast? Ob schwarzer Klecks auf Leinwand oder Landschaftsporträt – die Muße der Kunstbetrachtung kehrt unser Innerstes nach außen und erneuert.

15  *Meine Atempause*

HIMMLISCHE ERFRISCHUNG

In Pirmasens-Niedersimten bekommt man auf Höhen und Tiefen des Teufelspfads eine spektakuläre, feuchte Abreibung.

Rund um Pirmasens schaudert es einen, wenn man die Namen der Premium-Wanderwege Hexenklamm und Teufelspfad liest. Doch sie sind ein Segen der Entspannung: Am Naturfreundehaus Niedersimten tragen die Eschen und Buchen zwar Äste, die sich wie Krallen in Richtung Weiher ausstrecken, beim Anblick des Gersbachs findet man hingegen **Frieden.** Er schlängelt sich von Weiher zu Weiher durch das breite Tal. Bewacht wird er von einer Laubbaumallee. Nach einigen hundert Metern geht es nach oben zum Haspelfels. **Anspannung** für die Beine, **Entspannung** für den Kopf: Man zieht ein in das naturbelassene Felsenparadies. Spechte klopfen, Waldkäuze rufen, Sumpfmeisen zwitschern. Im Slalom umwandert man riesige **Steinkolosse, mit Moos und Farnen** übersät. Verwunschen liegen Baumwurzeln frei, Eicheln und Zapfen versammeln sich auf dem Boden, Haspel- und Hühnerfelsen bilden Dächer über den offenen Höhlen. Teppiche aus Efeu, Hasel- und Birkenausläufern hängen trotzend darüber. Es plätschert und tropft in die versteckte **Lagune.** In dieser Kulisse stehen Bänke und Picknickplätze bereit. Am Hühnerfels ergießt sich ein erster Wasserstrahl über den Unterschlupf. Kleine Steinpyramiden auf einer Felsspalte erinnern an Wohnzimmerdeko.

Nachdem man wieder unten im Tal ist, wartet der Höhepunkt der entspannten **Mystik** auf der anderen Talseite: Hinauf geht es zum Teufelsfelsen. Stufe für Stufe nähert man sich dem Natur-Highlight. Ein Wohlgefühl zum Hören: An der „Mittelstation" fällt das Wasser von oben auf Steine und Blätter. Man juchzt und strahlt vor Abkühlung und Erstaunen, man lauscht und genießt. Hat man dieses **Spektakel** mit allen Sinnen erfasst, führt die Neugierde den Wanderer eine Etage höher über eine kleine Brücke durch eine Klamm. Dahinter liegt das Ziel des Genusswanderers: Eine Sitzgarnitur aus hellem Holz lädt bei Brezel, Wasser und Wein zum Verweilen unterm Teufelsfelsen ein.

Für mich!
Natürlicher Spritz unterm Teufelsfelsen

Teufelspfad, Gersbachtal 100 (Parkplatz Naturfreundehaus Niedersimten), 66955 Pirmasens-Niedersimten

16 *Meine Atempause*

SATTSEHEN UND SATTESSEN

Die Sinne überschlagen sich vor natürlicher Gartenkultur in der Gärtnerei und dem Café Augenwaide in Flörsheim-Dalsheim.

Im Wonnegau, wo die Pfalz in Rheinhessen übergeht, liegt das vielleicht entspannendste Café der Region. Das Ensemble aus Gärtnerei, Gartencafé und Concept Store ist eine Augenwaide! Jeder wird beim Anblick der kleinen Engelchen, Meerjungfrauen oder Erdmännchen, die zwischen Blumen hängen oder hinter Büschen hervorlugen, schwach. Einen kleinen Freudenbringer nimmt man auf jeden Fall mit nach Hause. Natur, Gartenkultur und Genuss sind im weinbäuerlichen Ambiente wonnig miteinander verknüpft. Man ist überwältigt, staunt und flaniert durch die florale Schönheit vom Gewächshaus zu den Scheunen, zum Café, zum Freisitz und schließlich zum höher gelegenen Naturgarten.

Sitzt man im Garten oder auf der Terrasse des Cafés, lässt man sich vom Windspiel am Baum oder dem plätschernden Gartenteich beruhigen. Oleander, Sukkulenten, Begonien oder Zitronenbäumchen, Rosensträucher, Hortensien und Fuchsien ziehen die Aufmerksamkeit der Besucher auf sich. Limettengrüne Hortensienbälle, pilzförmige rosa Blüten und Fruchtstände mediterraner Pflanzen wollen bewundert werden.

Für mich!
Auf der Hollywoodschaukel im Garten sitzen

Man kann sich einfach nicht sattsehen, wohl aber sattessen: Beim Frühstück bekommt man regionale Spezialitäten serviert, zur Kaffeezeit süße Torten auf zuckersüßen Tischen und Tellern serviert. Im Sommerhalbjahr ist der heimelige Garten ein paar Treppenstufen hinauf geöffnet. Fröhliche Schweine, freilaufende Schafe und handzahme Gänse heißen die Gäste willkommen. An ihren Schlappohren, ihrem Schnattern und Spielen kann man spüren, dass sie genauso gelassen sind wie die Menschen, die hier verweilen. An der Secco-Bar wünscht man sich, dass die lauschige Sommernacht nie zu Ende geht. Aus dem einstigen Gut für Wein- und Obstanbau hat Familie Fehrenbach einen sonnigen, goldigen Platz für Herz und Gaumen geschaffen.

Gärtnerei und Café Augenwaide, Alzeyer Straße 36, 67592 Flörsheim-Dalsheim, Tel. (0 62 43) 2 29, www.augenwaide-floersheim-dalsheim.de

EINE AUGENWEIDE

17 *Meine Atempause*

KÖNIGE DER LANGSAMKEIT

Einheimische Unbekannte: Beobachtet man die putzigen Europäischen Sumpfschildkröten an den flachen Altrhein-Armen in Bobenheim-Roxheim, lernt man, einen Gang herunterzuschalten.

Ein abgebrochener schwarzer Ast schwimmt im Wasser. „Das ist der Lieblingsort meiner Tiere", erkennt Walter Gramlich auf Anhieb. Er ist aktiv beim NABU Bobenheim-Roxheim und wie ein Pflegevater für eine heimische Tierart, die exotisch erscheint: die Europäische Sumpfschildkröte (Emys orbicularis). Die Könige der Langsamkeit und Gemütlichkeit werden von Walter Gramlich zu Hause nach dem Schlüpfen aus dem Ei aufgezogen und aufgepäppelt, bis sie so groß wie ein Handteller sind – groß genug, um am Altrhein in ihr ursprüngliches Habitat ausgewildert zu werden.

Walter Gramlich setzt sich häufig für einige Stunden an die Ufer der Bäche Eckbach und Isenach, an Wassergräben oder an den Roxheimer Altrhein-Steg im sumpfigen Naturschutzgebiet. Auf die Spuren des Naturfreunds kann man sich auf dem 5,3 Kilometer langen Rundweg begeben und mit etwas Glück die kleinen schwarzen Schildkröten beobachten. Wie beim Birdspotting, dem Vogelbeobachten etwa im November oder Ende Februar, lässt die Konzentration auf die Tiere Leib und Seele ruhig und demütig werden.

Für mich!
Mit dem Fernglas zum Birdspotting

Klein, aber fein – ist die Devise. Weniger ist mehr: Man wartet, bleibt stehen oder auf einer der Bänke am Weg sitzen, zählt und rechnet keine Stunden. Dabei sieht man, wie der Wind das Schilfgras hin- und herwiegt, vernimmt Geräusche und Laute, die man vorher nie hörte. Hier fühlen sich neben Alpenstrandläufer, Bekassine oder Regenbrachvogel auch ziehende Vögel wohl. Teichrohrsänger, Blaukehlchen und Haubentaucher lieben es, im hektargroßen Schilfgebiet zu brüten. Und so fragt man sich nach einiger Zeit: Ist es eine Rohrweihe, die über dem Tierbeobachter kreist? Oder ruft der Graureiher sein Weibchen? Und sonnt sich da nicht eine Sumpfschildkröte auf dem Ast im Flachwasser? Das wäre die schönste Belohnung für die Geduld und Ruhe. Ob erfolgreich oder nicht: Man geht mit mehr Gelassenheit nach Hause.

Am Binnendamm 16, 67240 Bobenheim-Roxheim,
rlp.nabu.de/natur-und-landschaft/lebensader-oberrhein/index.html

18 ❋ *Meine Atempause*

AM SCHNECKENSCHLOSS

Frischluft, Freisitz, Freiheit: Vom Weinberg Wingertschnegg in Zellertal hat man einen grandiosen und alleinigen Blick auf Donnersberg und Rheinebene.

Die Weinstraßen-, Vorder-, West- und Südpfälzer „pilgern" gern in Scharen zu den heimischen Weinbergen, die sich an der Haardt ins **Sonnenlicht** recken. Wer dazu eine Alternative sucht, macht sich auf in das nördlichste Weinanbaugebiet der Pfalz: das Zellertal. Im gleichnamigen Ort ist die Wingertschnegg einer der letzten pfälzischen Weinberge vor Rheinhessen und liegt am Jakobsweg. Im Westen türmt sich der massive Donnersberg auf, im Osten eraht man hinter den lieblichen Hügeln des Pfrimmtals die Rheinebene und den Odenwald am Horizont.

Die „Schnecke" befindet sich wenige Meter oberhalb der berühmten und sehr mineralischen Weinlage Zeller Schwarzer Herrgott. Wo früher die Gebetsnische von Mönchen war, steht noch heute ein hölzernes Kreuz mit einer Jesusfigur, von der Verwitterung ganz schwarz geworden. Himmlisch geht es weiter: Neben Jesus öffnet sich eine Art **Himmelstor,** das eigentlich ein Gartentor ist und den Weg hinab zu den **Reben** öffnet. Leben und Tod liegen auch hier nah beieinander: Nebenan steht der Hingucker der Region, das Zellertaler Ehrenmal, zur Erinnerung an die Opfer des Weltkrieges.

Für ein Picknick aber ist der schönste Platz am Weinberg Wingertschnegg das „Château d'Éscargot", ein offen stehendes meterhohes **Schneckenschloss mit Mandelbaum** daneben. Von den am Weinberg thronenden Picknickbänken kann man wunderbar die über 2000 Weiß- und Spätburgunderreben in Schneckenhausform bewundern, die ein Verein gepflanzt hat und liebevoll bewirtschaftet. Kaffee und Kuchen oder Weck und Weinschorle auf den Tisch oder die Picknickdecke: Schon wird einem warm und ruhig ums Herz bei so viel Schönheit und **Gelassenheit im Grünen.** Wer hier noch nicht ruhig wird, sollte sich ein Beispiel an der Schnecke nehmen, die oben auf dem Dach des Schlösschens ruht.

Für mich!
Picknick mit Weinschorle to go mitbringen

Weinberg Wingertschnegg, am Zellertaler Ehrenmal, Panoramastraße Zellertal, 67608 Zell im Zellertal, www.wingertschnegg.de

19 ❁ *Meine Atempause*

EIN TRAUM IN PASTELL

Jukebox, Nierentisch, Tante-Emma-Laden:
Im Fifty's Museum in Kapsweyer unternimmt man eine
Reise in die pastellfarbene Zeit der 50er-Jahre.

Eine Scheune, eher eine Schatzkammer, befindet sich im kleinen Ort Kapsweyer kurz vor der französischen Grenze in der Südpfalz. Der passionierte und pensionierte Technikfreak Edmund Schreck sammelt im Museum Fifty's Gegenstände, sortiert nach Jahren: von der Nachkriegszeit über das Wirtschaftswunder bis zur Mondlandung. Die meisten davon funktionieren! Eine Jukebox begrüßt die Babyboomer und andere Besuchergenerationen in der Eingangsscheune und lädt auf eine **flotte Sohle** mit Bill Haley oder Elvis Presley ein.

1700 **Schätze** wie Wandteller, Kleider, Möbelstücke, Spielzeuge, Küchen- und Elektrogeräte beherbergt das private Museum, das seit 2015 von einem Verein getragen wird. Treppauf, treppab, durch mehrere Türen vom Schuppen über das Wohngebäude bewegt man sich durch das Museum wie durch das damalige Jahrzehnt. Hinschauen, entdecken und erzählen ist sehr erwünscht und macht die Kinder der 50er-Jahre und ihre mitgebrachten Lieben glücklich.

Für mich!
Im Museumscafé Kaffee und Kuchen vom Fifty's-Porzellan genießen

Liebevoll erklärt Edmund Schreck in vier chronologisch geordneten Räumen die Hintergründe von Design und Alltagsgegenständen. Im ersten Raum zeugen asymmetrische und pastellfarbene Gegenstände und kunstvolle Gesichtsmasken von der Zeit ab 1947. Die Werbeindustrie erwachte zu jener Zeit – und hier im Museum erwacht so manche **Erinnerung.** Einen Raum weiter belegen neue Möbel, Glaskunstvitrinen und Tefifon das Wirtschaftswunder von 1952 bis 1955. Man reist in die Zeit, als die Deutschen so langsam begannen, ihren Urlaub in Italien und Spanien zu verbringen. Im dritten Raum dreht sich dann alles um die Sputniklampe und das Radio-Plattenspieler-Ensemble Jupiter von 1957. Von der Zeit zwischen 1958 und 1963 zeugen **Jukeboxen und Kofferradios.** Eindruck macht auch eine komplette Küchenzeile: Möbelfront und Elektrogeräte leuchten pastellgelb, babyblau und mädchenrosa – und funktionieren noch wie in den Fünfzigern.

Museum Fifty's, Hauptstraße 14, 76889 Kapsweyer,
Tel. (0 63 40) 51 40, www.museum-fiftys.de

Nichts als Ruhe

Selbstregulierungskräfte aktivieren

BEIM FLOATING KÖRPER UND GEIST TIEF ENTSPANNEN LASSEN

Es vergeht kein Tag, an dem unser Gehirn nicht mit Tausenden Reizen und Einflüssen aus unserer Umwelt beschäftigt ist: Werbebotschaften, Handytöne, Vogelzwitschern. Das Gegenteil davon ist Floating. Die Sinne werden einmal abgeschaltet: Man sieht nichts, hört nichts, schmeckt nichts und riecht nichts. Bei dieser tiefgreifenden Entspannungstechnik liegt oder treibt man mit dem Rücken nach unten schwerelos an der Oberfläche des Wassers in einer übergroßen Badewanne mit Deckel, einem Floating-Tank. Gefüllt ist er mit hochkonzentriertem Salzwasser, wodurch der Körper schwebt. Man floatet im Dunkeln und ohne Geräusche, es sei denn man möchte meditative Unterwassermusik anschalten.

Dadurch dass das Gehirn während des Floatings keine Reize erhält und nicht darauf reagieren muss, setzt eine tiefe Entspannung ein, die sich auf alle Muskelgruppen ausbreitet, Körper und Geist regeneriert und Emotionen reguliert. Die Selbstregulierungskräfte des Körpers treten in Aktion und folgende Beschwerden werden gelindert:

- Hautprobleme wie Neurodermitis und Schuppenflechte
- Muskelprobleme wie Verspannungen, Rückenschmerzen und Rheuma
- Migräne
- Schlaflosigkeit
- Stress
- Blutdruckprobleme
- Schwaches Immunsystem
- Nikotin- und Alkoholsucht
- Gewichtsprobleme
- Schmerzempfinden

Obwohl man sich in einem Floating-Tank befindet, hat man das Gefühl von Freiheit. Man kann sich im wahrsten Sinne des Wortes treiben lassen, tief zu sich kommen und die pure Konzentration auf das Innere lenken. Endorphine, die Glückshormone, werden vom Körper ausgeschüttet und man fühlt sich pudelwohl. Menschen in den USA und Australien wussten es längst: Dort wird Floating seit vielen Jahren im Wellness- und Klinik-Bereich regelmäßig genutzt. Wer langfristig tiefenentspannt und kräftig sein möchte, sollte sich ein- bis zweimal im Monat die 45-minütige Floating-Auszeit nehmen.

20 *Meine Atempause*

WISSEN, WIE MAN ABSCHALTET

Wie entflieht man am schnellsten dem Alltag? Man schnappt sich ein Buch, ein Hörspiel oder eine CD. Beste Plätze und Auswahl für die Auszeit hält die Stadtbibliothek Ludwigshafen bereit.

Auf fünf Etagen kann man sich in allerhand Sesseln, Sofas und auf Stühlen zwischen Action und Ruhe, zwischen Runterkommen und Upcyceln entscheiden: Unten im Lesecafé im Eingangsbereich tobt ab 10 Uhr das Leben und man erfährt bei einem ersten Cappuccino Neues aus Zeitungen und Zeitschriften. Entspannter ist es eine Etage darüber: Man kann lesend oder hörend in Romanen, Lyrik, Dramen oder Biografien versinken – und auch in einem der Sofas oder flauschigen Sessel. Hier vergisst man Zeit, Raum und Personen. Man entflieht der Pfalz, der Stadt Ludwigshafen in dieser Oase des Abschaltens und fragt sich: Wird der Mörder im Schwedenkrimi gefasst? Hat die Romanze im Barcelona-Urlaub ein Happy End? Versöhnen sich die verstrittenen Geschwister in der Familiensaga? Egal, wie die Story ausgeht, man hat Körper und Seele eine Auszeit gegönnt: Denn beim Lesen verlangsamt sich der Herzschlag und die Muskeln entspannen – selbst bei Krimis. Dabei tut die moderne, lichtdurchflutete, verwinkelte Bibliothek alles fürs Wohlgefühl.

Für mich!
Gemeinschaftlich lesen bei den Shared-Reading-Treffen

Eine weitere Etage höher erhält auch der Hörsinn Streicheleinheiten: In den sogenannten Sonic-Chairs bekommt man klassische Musik wie auf einer akustischen Insel auf die Ohren. Man darf sich in einen eiförmigen auberginefarbenen Sessel setzen – oder lümmeln –, der mit bester Klangtechnik ausgestattet ist. Von dieser Insel will man nicht weg, nur genießen. Wen der Wissensdurst auf Geografie, Kunst oder Medizin doch antreibt, der rafft sich auf in die vierte Etage. Und für alle, denen Lesen oder Hören zu passiv ist, steht das fünfte Do-it-yourself-Stockwerk offen, genannt Ideenw3rk: Ob Nähmaschine, Nähkurs, 3D-Drucker, Schnittsoftware, E-Games oder Bastelangebot – hier kann sich jeder eine kreative oder aktive Auszeit gönnen.

Stadtbibliothek Ludwigshafen, Bismarckstraße 44–48, 67059 Ludwigshafen, Tel. (06 21) 5 04-26 01, www.ludwigshafen.de/lebenswert/stadtbibliothek

21 ❋ *Meine Atempause*

SONNE GEHT DURCH DEN MAGEN

Tapas, Vino y Música: In der Bar und dem Restaurant Dos Puentes in Zweibrücken wird einem schnell warm ums Herz und man fühlt sich wie in Spanien oder Lateinamerika.

Goldschimmerndes Interieur, massive Holztische und eine lauschige Beleuchtung lassen einen sofort beim Hereintreten **südländische Wärme** und **Latino-Flair** fühlen. Weinrottöne und Holzfarben wechseln sich ab, man kann sogar an Weinfass-Hochtischen Platz nehmen. Eine Bodega voller toller spanischer Weine, erlesener Spirituosen und einem Jamón Ibérico, einem kompletten Bein des berühmten spanischen Schinkens vom Ibérico-Schwein. Ein großes „Buenos días" an die Gäste, die die Dueños (Eigentümer) Rafael Fernando Hong Tornes und seine Frau Rita mit ihrem Team liebevoll als „Amigos" begrüßen. Schon vor der Bestellung bekommt man einen Vorschuss an **Herzenswärme a lo latino.** Beim Lesen der Speisekarte fühlt man die Sonnenstrahlen auf der Haut und Lebensfreude im Inneren: Die original spanischen Tapas reichen von Pimientos de Padrón (gegrillte grüne Paprika) über Boquerones en vinagre (Sardellen in Essig) bis Gambas al ajillo (Garnelen in Knoblauch und Olivenöl). Schon sich zwischen den Vorspeisen, die man sich von einem großen Teller teilt, zu entscheiden, fällt schwer. Als Hauptgerichte warten Paellas (bitte vorbestellen), Fisch- und Fleischgerichte mit Patatas Bravas (Grillkartoffeln) darauf, den Freund spanischer Lebenskultur zu verwöhnen.

Für mich!
Als Postre (Nachtisch) eine Crema Catalana

Doch die **Liebe** für den Süden geht nicht nur durch den Magen, sondern auch durch die Ohren: Die Gastwirte spielen Gitarre und singen, laden vor allem im Sommer Guitarristas, Geiger, Tänzerinnen und DJs zum Kubanischen Abend, zur Fiesta Brasil mit Samba Show oder zum Event Bodega meets Jazz. Diese Sommerabende finden in der Bodegas Lounge statt, die in den warmen Monaten den Alexanderplatz im Herzen von Zweibrücken mit Kultur, Tapas und frischen Longdrinks erquickt. Unter Freunden trinkt man dort einen Ribera del Duero **auf die Gesundheit,** einen Liquor 43 con leche (mit Milch) **auf die Liebe** oder einen Cuba Libre **auf die Freiheit.** Wenn das kein Urlaub ist!

Bodega dos Puentes, Hauptstraße 9a, 66482 Zweibrücken,
Tel. (01 73) 3 03 94 66, bodega-zw.de

22

ANMUT ÜBER ANNWEILER

Bei der Naturbegräbnisstätte Trifelsruhe erzählen Birken und Buchen die Geschichten aus der Vergangenheit. Das beflügelt und bestärkt für die Zukunft.

Friedlich säuselt der Wind. Bunt strahlt ein **Regenbogen** zwischen Trifels, Anebos und Scharfenberg. **Beruhigend** tönen Kuckuck und Wanderfalke. Es ist zu schön, um echt zu sein. Man befindet sich in einem Begräbniswald. Silbern glänzen Metallschilder in Form von Efeublättern an Birken- und Buchenstämmen und erinnern mit den darauf gedruckten Namen und Daten an verstorbene Menschen und sogar Haustiere. Moos und Farne, Findlinge und Teiche verströmen innere und äußere Ruhe. Vielleicht klingt es paradox, in einem Friedwald zu Entspannung einzuladen. Doch der Ort ist wie dafür gemacht. Die Trifelsruhe ist üppige Natur mit einer Botschaft: Mensch, nutze die Zeit, die du hast, freue dich über das, was du spürst, und fühl dich als **Teil der Natur!**

Für mich!
Einen Rundgang zu den HalteStellen machen

An Birken und Kunstobjekten, auf Ruhebänken und Buchenstümpfen kommt man zur Ruhe und zur Besinnung. Man kann nachdenken, dankbar für das Leben in Form von Pflanzen, Tieren und Menschen sein – das Leben mit einem tiefen Atemzug in der Stille genießen. An diesem Ort ist es, als erzähle der säuselnde Wind Geschichten, als seien die Menschen eins geworden mit der Natur. Kleine Pfade schlängeln sich die bewaldeten Hügel hinauf und hinab. Sie bringen den Besucher zu „HalteStellen", die Gedichte und Skulpturen sprechen lassen und **Kraft** schenken. Baumstümpfe und Holzkonstruktionen werden zu Stühlen, auf denen man Platz nehmen, die Anstrengung ablegen und auch trauern kann, um dann still zu werden und loszulassen.

Man schaut von hier mit bester Perspektive auf die Reichsburg Trifels am Sonnenberg gegenüber. Seit fast tausend Jahren trotzt sie der Zeit, lässt um sich herum sein, was ist. So sitzt man in diesen Minuten auf dem Stuhl. An einem Tag strahlt die **Sonne** ins Gesicht, an einem anderen preschen **Wind und Regen** gegen den Körper. Man nimmt an, was die Natur bietet, man ist geerdet, atmet und verabschiedet sich von dem Stuhl und der Trauer und ist frei für Neues. So hätten es die Lieben gewünscht.

Naturbegräbnisstätte Trifelsruhe, Trifelsstraße, 76855 Annweiler am Trifels, www.trifelsruhe.de

23 ❀ Meine Atempause

OASE FÜR SCHLAPPE RADFAHRER

Die Radwegekirche Gommersheim hat mit ihren offenen Türen ein Herz für Radler. Hier können Radfahrer und E-Biker innerlich und äußerlich neue Energie tanken.

Die orange Rübe mit grünen Blättern weist den Radelnden den Weg. Das Symbol kennzeichnet den Kraut-und-Rüben-Radweg, der 139 Kilometer parallel – oder ab und an im Zickzack – zur Deutschen **Weinstraße** in der Pfalz verläuft. Man bahnt sich den Weg durch den riesigen **Gemüsegarten der Vorderpfalz,** vorbei an Salat, Radieschen oder Streuobstwiesen. Abwechslung gibt es durch Weinberge, kleine Bäche oder vereinzelte Mischwäldchen. Von Bockenheim im Norden über Weisenheim am Sand, Haßloch, Zeiskam und Kandel führt der ebene Radweg bis nach Schweigen-Rechtenbach und an die französische Grenze. Im Westen hat man den Blick auf die Höhenkette des Pfälzerwaldes. Am Radweg laden fahrradfreundliche **Hofläden,** Metzgereien oder Bäckereien zur Rast ein und manchmal auch dazu, ihre Höfe und **Weingüter** zu besichtigen.

Für mich!
Den vorbeiführenden Radweg „Vom Rhein zum Wein" ausprobieren

Von April bis Oktober ist beste Fahrradzeit. Die Blumen blühen, das Gemüse sprießt, die Trauben reifen in der Sonne. Davon gibt es in der Sommerzeit genug in der Vorderpfalz, eine der wärmsten Regionen Deutschlands. Was wünscht man sich dann mehr als ein **Plätzchen im Schatten,** um den Durst zu stillen und abzukühlen? Die Radwegekirche in Gommersheim kommt da gerade richtig. Ob schwach, schlapp oder schwitzend: Egal in welcher Verfassung sich die Vorbeiradelnden befinden, wie eine **kühlende Oase** empfängt die Protestantische Kirche die Erschöpften. Hitze und Anstrengung bleiben vor den dicken Kirchenmauern. Man bekommt hier Obdach, Andacht, Ruhe, Abkühlung, Wasser und andere Getränke, eine Toilette, eine Pedelec-Aufladestation, sogar Flickzeug fürs Fahrrad und Erste-Hilfe-Utensilien für Radler. Man schöpft Kraft und Energie im **Raum der Einkehr** für Körper und Seele. Wer nach dem Weg sucht, findet hier freies WLAN, wer neue Lektüre benötigt, deckt sich am Tauschregal mit neuen Büchern ein und verweilt lesend noch etwas vor der Kirche unter der schattenspendenden hundertjährigen Linde.

Protestantische Kirche Gommersheim, Kirchstraße 1, 67377 Gommersheim, Tel. (Pfarramt) (0 63 27) 32 13, evgommersheim.de/radwegekirche, kraut-und-rueben-radweg.de

24  *Meine Atempause*

BUNT WIE GRÜN

Die frische Kleingartenanlage am Ebenberg in der Landauer Südstadt ist ein Hingucker, gut für die Seele und bietet Mitnehmsel aus dem Hier und Jetzt für zu Hause.

Verwunschene Schattengärten, freundliche Holzhäuschen, flatternde bunte Wimpel: Jung, kreativ und nachhaltig – wie Landau selbst – stillt die Kleingartenanlage am Ebenberg die Sehnsucht nach einem eigenen Stück Grün in der Stadt. Dabei ist der Gartenverein selbst ein **junges Pflänzchen:** Die **Gärtner-Oase** wurde 2012 im Rahmen der Landesgartenschau angelegt, als das ehemalige Areal der französischen Armee zum Wohnen, Leben und Pflanzen freigegeben wurde. Statt Kleingärtner-Mief zieht **frischer Wind** durch die Parzellen und Wege. Die Holzhäuschen vermitteln freiheitliches Schweden-Gefühl statt deutscher Schrebergarten-Spießigkeit. Familien, Nachhaltigkeitsfreunde und Selbstversorger stecken hier unter einer Decke aus Blüten, Blättern und Gemüse. Es gibt einen großen Gemeinschaftsgarten mit einem Walnussbaum und die Einladung, frische Ideen und die frische Ernte – gegen Spende für den Verein – zu teilen. Das geschieht am Marktstand am Eingang. Dort präsentieren die Kleingärtner und Kreativen nachhaltige Produkte, **Saatgut, Selbstgeerntetes, Upgecyceltes und Selbstgebasteltes.** Je nach Jahreszeit suchen dort Blumen, Blütenmischungen, Saatgut, insektenfreundliche Pflanzen, Apfelmus, Marmeladen, Bienenwachskerzen oder Origami-Papeterie ein neues Zuhause, die Päckchen immer liebevoll verpackt wie zu Omas Zeiten und geschmückt mit **Gaben von Mutter Natur.**

Im Frühling recken die Krokusse, Schlüsselblumen und Gänseblümchen die schönsten Blüten gen Himmel. Im Sommer duften Rosen und Pfirsiche, warten Kirschen und Gurken auf Feinschmecker. Im Herbst schenken die Kürbisse, Äpfel und Birnen neue Kraft. Im Winter ruhen die Gärten und die Kleingärtner. Doch immer ist ein Schlenker oder Spaziergang durch die Gartenanlage ein Schmankerl für die Seele. All die Farben und Formen, Blüten und Blätter, die **Liebe und Leichtigkeit** im Wohnzimmer der Natur.

Für mich!
Ob Amselpärchen oder Bienenschwärme – auch sie lieben die Gärten

Kleingartenverein am Ebenberg, Eutzinger Straße 40, 76829 Landau in der Pfalz, www.garten-am-ebenberg.de

25 ❋ *Meine Atempause*

FEIEROWWEND!

Chillen, grillen und ausspannen am Bad Dürkheimer Annaberg: Im Weingarten der Improvisation am Halbersbacher Schubkarchstand liegt Urlaubsstimmung in der Luft.

Ein **laues Lüftchen** erhebt sich vom Annaberg hinunter auf Bad Dürkheim. Es erfrischt den Verstand und vertreibt die Alltagsgedanken. Zum Feierabend oder am Wochenende gönnt man sich mitten im Rebenmeer neben dem Hotel-Restaurant Annaberg ein paar Stündchen **Urlaub in der Pfalz:** Der Halbersbacher Schubkarchstand thront hier „über den Dingen". **Sonnenschirme** sind aufgespannt. **Grill und Flammkuchenofen** sind angeheizt. Wein- und Lebensbotschaften auf Kunstobjekten reden den Gästen gut zu. Weinkisten mit heimatlichem Label **„Wein aus deutschen Landen"** sind zu Tischen umfunktioniert. Weinfässer halten Platz für Schorle-, Wein- und Cocktailgläser bereit. **Bonsai und Kastanienbäume** streichen den Garten grün. Man nimmt Platz in der Natur, an einer der Bierbänke unter dem Schubkarchstand oder auf einer echten oder improvisierten Holzbank, in einem Liegestuhl oder einem Gartensessel. Die Auswahl der Gartenmöbel in diesem Weingarten der Improvisation ist so vielfältig wie die Getränkekarte.

Für mich!
Als Nachtisch einen süßen Flammkuchen probieren

Man kann sich durch die Riesling- bis Pinot-Weine der angrenzenden Bad Dürkheimer und Forster Weinberge probieren oder bekommt einen liebevoll gemixten Aperol Spritz oder Hugo vom Schubkarchwirt Tuncay Mizrak und seinem engagierten Team. Stamm- und experimentierfreudige Gäste entscheiden sich für den legendären **Pfälzer Tequila** aus Williams Christ und einer Scheibe Blutwurst mit Senf. Den Hunger nach Entspannung und Essen stillt man mit Brezel, Flammkuchen von klassisch bis vegetarisch, mit Handkäs mit Musik oder Bratwurst und Steak frisch vom Grill. Man genießt, man sieht dem Tag zu, wie er sich schlafen legt und wie über Bad Dürkheim und die Rheinebene am Horizont die Nacht hereinbricht. Die Lichter nah und fern erleuchten. Das Vogelgezwitscher und Murmeln an den Nachbartischen entspannt. Man wünscht sich, der lauschige Abend möge nie zu Ende gehen. Manche **schlummern im Liegestuhl** sogar dankbar und zufrieden ein.

Halbersbacher Schubkarchstand, am Hotel-Restaurant Annaberg, Annabergstraße 1, 67098 Bad Dürkheim, Tel. (01 71) 7 10 66 51, www.eventservice-tm.de

26 · Meine Kraftquelle

IM BADEZIMMER DER NATUR

An der Lautermündung in Neuburg taucht man beim Stand-up-Paddeln leise in die Welt der wasserliebenden Pflanzen, Vögel und Säugetiere ein.

Hast du schon einmal einen Schwan beim Losfliegen beobachtet? Wie schnattern **Wildgänse** beim Brüten? Wie springt eine Wasserratte, auch Nutria genannt, ins Wasser? All die Antworten darauf sieht und hört man auf dem Stand-up-Paddling-Board (SUP) als aufmerksamer Teilnehmer der **Wasserwelt** des Altrheins, der die Pfalz im Osten abschließt. Einer der gemütlichsten Orte ist die Lautermündung in Neuburg am Rhein. **Geräuschlos,** gefahrlos und geflissentlich kann man aus eigenem Antrieb Flora und Fauna zu Wasser erkunden: Neben dem Rheindeich, dem Museumsschiff Lautermuschel und den kleinen Yachtanlegern dominiert landschaftlich der Auenwald. Silberweidenzweige sowie Altholzstämme von Eichen und Buchen schwimmen im geruhsamen Wasser. **Libellen und Rhoischnooke** – also offiziell Wiesen- und Auwaldmücken – tanzen über der Wasseroberfläche. Kormorane, Graureiher und Wildgänse haben im seichten Flusswasser der Lauter optimale Brut-, Schwimm- und Flugbedingungen inklusive Start- und Landebahnen. Aus wenigen Metern Nähe kann man Schwänen in Ruhe zuschauen, wie sie sich vom Wasser in die Luft erheben: Mit langem Anlauf und einem beruhigenden Plätschergeräusch heben sie als eine Art der schwersten Wasservögel ab. Das klingt, als tippele der Schwan übers Wasser. Während man mit seinem Paddel sanft und ruhig abwechselnd links und rechts des SUPs ins Gewässer eintaucht, ohne großen Aufruhr zu machen, plumpst plötzlich ein Nutria vom Ufer aus in das natürlich grün-braune Wasser. Spechte klopfen und Amseln zwitschern in den Baumwipfeln. Das Säuseln des Wassers, die Strömung der Lauter, eine **Brise Rheinwind** umweht die Seele wie eine Erfrischung. In dieser Langsamkeit ist man höchst aufmerksam. Paddelzug um Paddelzug findet man das Gleichgewicht des Körpers in der Mitte des Brettes, das sich auf **das seelische Gleichgewicht** überträgt. Man ist äußerlich und innerlich im Einklang.

Für mich!
Im Museumsschiff einkehren

Lautermündung, Gaststätte und Museumsschiff Lautermuschel,
Bruchloch 2, 76776 Neuburg am Rhein

27 *Meine Kraftquelle*

MEERESBRISE IM REBENMEER

Man muss nicht an die Nordsee fahren, um Salzluft atmen zu können. Die Saline in Bad Dürkheim fördert im Sommer wie Winter die Gesundheit. Auch sonst hat der Kurort alles für eine echte Auszeit zu bieten.

Wasser und Wald? Wein und Wellness? Wandern und Wandeln? In Bad Dürkheim muss man sich nicht entscheiden: Die **mediterrane Stadt** an der nördlichen Deutschen Weinstraße hält alle Facetten eines vorzeigbaren Kurortes bereit. **Erholung pur** bekommt man im beblümten Kurpark, mondänen Kurhaus mit Spielbank, in der Brunnenhalle, Saliertherme und am Bachlauf der Isenach. In der Innenstadt spenden die warmen Farben der Fassaden, die Vinotheken und Weinstuben sowie Palmen, Feigen- und Olivenbäume Erholung und tauchen alles in das Flair des Südens.

Herzstück für Auszeitsuchende aber ist der **Gradierbau.** Zentral gelegen am Wurstmarktplatz wurde die über 300 Meter lange offene Holzkonstruktion zur Salzgewinnung genutzt. Heute dient die verdunstende Sole der Gesundheitsförderung. Aus 18 Metern Höhe rieselt das Wasser der Isenach Tropfen für Tropfen durch 250.000 Reisigbündel. Wie am Meer wirkt sich die **salzgetränkte Luft** wohltuend auf Lunge und Bronchien aus – aber auch auf alle anderen Körperteile und Sinne. Für einen kleinen Eintritt kann man die Saline auf mehreren Etagen entlangflanieren, sich von der sanften Gischt besprühen und erfrischen lassen – denn die Sole wirkt gerade bei höchsten Sommertemperaturen belebend wie eine Meeresbrise. Man kann ihre Wohltat sogar beobachten: **Sonnenanbeter und Schattensucher** gönnen sich ein Päuschen auf den Salinenbänken in der Morgensonne oder im Nachmittagsschatten. Die **beste Panoramaaussicht** hat man von der ersten Etage in Richtung Michaelskapelle: Sie steht auf einem Weinberg inmitten der Reben. Weiter im Hintergrund erahnt man Wanderziele am Haardtrand für weiteren Genuss.

Für mich!
Salz auf der Haut und Salzluft in die Lungen

Gradierbau Saline, Salinenstraße 17, 67098 Bad Dürkheim, Tel. (0 63 22) 9 47 23 73

28 *Meine Kraftquelle*

GARTENGEMEINSCHAFT

Kohlrabi im Schuh, Kresse in der Gießkanne, Kürbis in der Badewanne: Im Hack-MuseumsgARTen in Ludwigshafen pflanzen und ernten die Stadtbewohner Gemüse, Kunst und Lebensfreude.

Ist das Kunst oder kann man das essen? Diese Frage stellt sich einem vor Staunen im Hack-MuseumsgARTen mitten in Ludwigshafen. Auf der zubetonierten Fläche neben dem Wilhelm-Hack-Museum **grünt, sprießt und reift** es jedes Jahr von März bis Oktober wieder neu – und immer dichter seit zwölf Jahren. Europaletten und Holzkonstruktionen wurden und werden hier aufgebaut, ausrangierte Wannen oder Plastikkisten hingestellt, Hochbeete und Unterstände gebaut. Die Upcycling-Materialien sind mit Farbe angestrichen, **bemalt** oder **kreativ verschönert.**

Die bunten unkonventionellen Ideen faszinieren und inspirieren die Menschen. Die Zwiebeln von Narzissen, die Samen von Radieschen oder Koriander, die Stecklinge von Palmen oder die kleinen Erdbeerpflanzen können sich glücklich schätzen, in diese kreativen Behältnisse einzuziehen und in dieser **biologischen Vielfalt** der Sonne entgegenzuwachsen.

Für mich!
Eine gemeinschaftliche bunte Oase mitten in der grauen Stadt

Um diese Vielfalt kümmert sich eine bunte Gärtnergesellschaft ohne Grenzen: Jeder kann kostenlos Pate eines Beetes werden. Man bringt einfach Pflanzen, Setzlinge oder Saatgut mit, pflanzt sie in die vorhandenen Behälter und sorgt dafür, dass es dem Nachwuchs gut geht. So treffen sich die Mitgärtner zufällig oder regelmäßig beim Gießen, Jäten oder Ernten. Die **Urban-Gardening-Gemeinschaft** ist so vielfältig wie die Pflanzenarten: Das Beet einer türkischen Familie liegt in direkter Nachbarschaft zum Bibelgärtchen der evangelischen Stadtkirche, gegenüber gedeiht der Thai-Spinat einer chinesischen Mitgärtnerin. Familien sowie Gruppen aus Kitas, Schulen und Vereinen wühlen und werken hier an ihren Schützlingen, die wiederum Vögel, Bienen und Schmetterlinge einladen. Menschen aus aller Herren und Herrinnen Länder verbringen hier ihre **Mittagspause**, trinken am Kiosk einen Kaffee, Kinder spielen nachmittags hier, Künstler verwirklichen ihre Garten-Kunst-Ideen. Ein Lern- und Erholungsort wie er im Buche steht.

Hack-MuseumsgARTen am Wilhelm-Hack-Museum, Berliner Straße 23, 67059 Ludwigshafen, Tel. (06 21) 5 04-34 03 oder -35 19, www.wilhelmhack.museum

Blühende Ergebnisse

Lernen, zu hegen, zu pflegen, zu warten

BEWUSSTES GÄRTNERN

Vor nicht allzu langer Zeit war ein Schrebergarten mit all den Regeln der Inbegriff des deutschen Spießbürgers. Man wollte zwar raus ins eigene Stück Natur, aber ohne Arbeit und Verpflichtung. Das hat sich nun gedreht: Städter und Dörfler wollen ihren Beitrag zur Nachhaltigkeit leisten, sich zumindest teilweise selbst versorgen und mögen den Rückzug in den heimeligen Garten. All das lässt die Lust an der Gartenarbeit sprießen.

Was im Garten passiert, ist real: Erde an den Händen, verschwitzt vom Umgraben, zwitschernde Vögel im Frühjahr, summende Bienen und duftende Blüten im Sommer. Nirgendwo spürt, fühlt, hört oder riecht man exklusiver als mitten auf dem Gemüseacker, über dem Blumen- oder Kräuterbeet – das entspannt.

Was im Garten passiert, wirkt direkt: Ist der Boden gut präpariert, gedeihen die Pflanzen gut. Befreit man das Gepflanzte von Unkraut oder Schädlingen, gedeihen sie besser. Bückt man sich beim Säen und Jäten, bekommt man als untrainierter Gärtner Muskelkater. Die Auswirkungen folgen auf das Tun, macht man Fehler, geht es danach einfach weiter – das erdet.

Was im Garten passiert, ist sinnvoll: Man kümmert sich behutsam und bewusst um ein Stück Land, bereitet den Boden vor, sät, gießt, hegt, jätet, pflegt und erntet. Die Jahreszeiten bestimmen die Tätigkeiten. Man lernt zu warten und zu beobachten, sich anzupassen und loszulassen, sich als Teil des Ganzen zu begreifen und die blühenden und essbaren Kostbarkeiten der Natur wertzuschätzen. Denn keine Tomate oder Gurke der Welt schmeckt so gut wie die, um die man sich selbst gekümmert hat. Das befriedet – nicht nur den Gaumen, sondern den ganzen Körper.

Von Januar bis Dezember kann man beim Gärtnern raus- und runterkommen. Gärtnern ist Aufgabe und Genuss zugleich, ob auf dem eigenen Balkon oder der Terrasse, im gepachteten Schrebergarten, bei einem Urban-Gardening-Projekt, einem Mietgarten oder als Mitglied der Solidarischen Landwirtschaft. Hier findet sich körperlicher Ausgleich inmitten blühender Ergebnisse.

29 *Meine Kraftquelle*

PFÄLZER WALDQUELL

Wasser, Wald, Wohlgefühl: Diesen Dreiklang erlebt man oft im Pfälzerwald. Besonders belebend und komplett fühlt sich das Nass am Hilschweiher im Edenkobener Tal an.

Am Nordhang des Kesselbergs entspringt und rinnt er von 661 Metern Höhe flink und spritzig hinab ins Edenkobener Tal: der Triefenbach. Auf seiner Reise von der Quelle zur Mündung in den Kropsbach nimmt er allerlei Zuflüsse auf, so zum Beispiel das Wasser vom Meerlinsenbrunnen und am Hüttenbrunnen den Haselbach. Über Stock und Stein, unter Brücken und Ästen hindurch, über Laub und Moos bahnt sich das **spritzige Bächlein** seinen Weg – frisch, fröhlich und frei. Dieser Anblick und seine Geräusche befreien auch den Spaziergänger, der ihn beobachtet, an ihm entlangwandert, von seinem kühlenden Wasser trinkt oder die gefühlte Einladung annimmt, die **Zehen ins anregende Nass** zu tunken. Zu jeder Jahreszeit schimmert das Edenkobener Tal in anderen Farben, duftet nach verschiedenen Naturessenzen und lässt sich mit den Füßen mal „babbelig", mal fest betreten – all das **erdet und beflügelt** zugleich.

Für mich!
Grüne Oase, die die Lebensgeister wiederbelebt

Das Highlight auf der Reise des Triefenbachs aber ist die Zusammenkunft mit dem Hilschwasser: Dieser stürzt sich aus 3, 4 Metern als **Wasserfall** in einen von Steinen gesäumten Miniteich. Wer mag, kann sich hier im Sommer von einer kühlen Dusche beleben lassen oder auf den Bänken ringsum dem entspannenden Plätschern lauschen, das zum Glück nie endet. Ein weiterer kleiner Wasserfall bringt das Bachwasser in Kaskaden weiter hinunter bis in den Hilschweiher. Das naturgrüne Gewässer wird am Ufer von Kiefern und Buchen behütet und in der warmen Jahreshälfte von Ruderbooten verschönert. Gemütlich setzt man sich zur Rast auf eine der Bänke am Weiher oder leiht sich ein **Boot, rudernd oder treibenlassend** – mehr Genuss und Erdung wie in dieser Oase geht kaum. Für Hungrige und Gesellige gibt es einen Waldkiosk mit überdachten Sitzplätzen. Von hier aus kann man eine Wanderung zur Rietburg oder Villa Ludwigshöhe anschließen – am besten jedoch nicht am Wochenende.

Hilschweiher, Klosterstraße, 67480 Edenkoben

30 *Meine Kraftquelle*

FRÜHSTÜCKE DICH FIT

Beim Frühstück im Hotel René Bohn bekommt man vom Begrüßungsdrink bis zum Nachtisch eine große Portion Fitness – und jeden Wunsch erfüllt.

Iss morgens wie ein Kaiser, mittags wie ein König und abends wie ein Bettelmann, sagten Urgroßeltern häufig. Recht hatten sie: Die erste Mahlzeit des Tages bringt Vitamine und Energie in den Körper – Genuss sowieso. Das sollte man sich hin und wieder bei einem kaiserlichen Frühstück im Hotel René Bohn der BASF in Ludwigshafen gönnen.

Für einen Vormittag kann jeder diese Kraftquelle anzapfen und ein gemütliches Plätzchen im lichtdurchfluteten Pavillon oder auf der Lounge-Terrasse reservieren. Beim Ankommen begrüßt das Servicepersonal den morgendlichen Gast mit einem freudigen Lächeln und einem erfrischenden Begrüßungsdrink aus exotischen Früchten und Säften zum Start in den Tag. Nach der ersten „Vitaminspritze" wartet ein ausgezeichnetes Büfett aus kalten und warmen, lokalen und fernen, süßen und herzhaften Speisen: Man flaniert entlang der Leckereien und muss sich entscheiden: Soll man mit Pfälzer Leberwurst auf frischer Laugenbrezel starten, mit amerikanischen Ham and Eggs oder mit asiatischem Fingerfood? Vielleicht nehmen die fröhlichen Köche an der Front-Cooking-Station einem aber auch die Entscheidung ab, wenn sie ein Spiegelei mit Speck oder ein vegetarisches Omelett in der Pfanne brutzeln lassen. Fitnessfreunde wecken ihre Lebensgeister mit hausgemachtem Bircher Müsli oder allerlei Smoothies an der Saftbar. Verschlafene lassen sich von Kaffeespezialitäten oder den erlesenen Tees auf Betriebstemperatur bringen. Freundinnen stoßen mit dem Hausmarken-Sekt auf den Tag an und genießen die Vielfalt, bei der das Auge mitisst. Französischer Käse und italienische Wurst sind auf Schieferplatten drapiert, frische Tomaten, Gurken und Erdbeeren sind pur oder in feine Cremes, Salate und Milchspeisen verwandelt. Wer danach noch Appetit auf einen Nachtisch hat, wird mit frisch zubereiteten Belgischen Waffeln oder Kaiserschmarrn fündig. Diese gute Energie reicht bis zum Abendbrot!

Für mich!
Danach ein Spaziergang im benachbarten Park.

Hotel-Restaurant René Bohn, René-Bohn-Straße 4, 67063 Ludwigshafen, Tel. (06 21) 60-9 91 00, www.basf.com

Meine Kraftquelle

WO DIE SONNE UNTERGEHT

Auf der Burg Falkenstein heiratete eine Grafentochter einst einen deutschen König: Heute braucht man auf der Ruine keinen Partner, um beim Sonnenuntergang ganz verliebt zu sein: in die Natur.

Die Kulisse steht, nur die Adligen und Ritter von Bolanden sind schon weg. Im 12. Jahrhundert errichteten sie unweit des Donnersberges und auf einem steil abfallenden Felsen eine Höhenburg – 465 Meter über Null. Im Dreißigjährigen Krieg wurde sie von spanischen und schwedischen Truppen besetzt und später von den Franzosen gesprengt. Doch Teile von Bergfried, Palas, Ring- und Schildmauer trotzten der Zerstörungswut und geben zusammen mit der Natur eine spektakuläre Kulisse ab. An einem schönen Sonnentag steht, sitzt oder liegt man im ehemaligen Innenraum der Burgruine und schaut durch eines der fünf Riesenfenster der Ruine nach rechts in Richtung Westen, bis die Sonne im Grün des Pfälzerwaldes untergeht. Wie vom Theaterbalkon bekommt man das Naturereignis präsentiert. Oder man erobert die Burgruine noch einige Stufen abwärts, schlüpft unter der Burgmauer hindurch und nimmt in 1A-Lage neben dem Fahnenmast auf der Erhebung davor Platz. Ob mit Picknickdecke oder Yogamatte, mit Wein oder Yogitee fühlt sich das wie eine Eintrittskarte zu einem Schauspiel an, auf das man warten muss. Unter der Ruine geht es steil bergab ins Grün, das das gleichnamige kleine Dörfchen Falkenstein einbettet wie weiches Moos. Nicht umsonst wird der Wald flankiert von der steilsten Durchgangsstraße Deutschlands, die bei 25 Prozent Gefälle steil ins Tal führt. Wie auf einem Gemälde vermischen sich die erst gelben, dann orangen und schließlich roten und zartrosafarbenen Nuancen der versinkenden Sonne am Horizont mit den Grüntönen des Waldes. Hier ist man „in der Pfalz ganz oben" – und auf der Wohlfühlskala im Himmel.

Für mich!
Sonnenuntergang wie auf dem Theaterbalkon

Burg(ruine) Falkenstein, Hauptstraße 45 A, 67808 Falkenstein

Meine Kraftquelle

WEIBLICHKEIT DES SEINS

Sie sind sinnlich, extrovertiert, energiegeladen – die Frauenporträts von Bärbel Vogt. Im Frankenthaler Atelier zeigen ihre farbgewaltigen Bilder viel Power in der Mensch-Natur-Symbiose.

Wie in einer Frauen-WG hängt Susi neben Marisol neben Rieke, steht die Frau mit dem grünen Tuch neben dem Mannsweib mit dem Bob-Haarschnitt neben der Träumerin. Bärbel Vogt hat all diese **Frauen** in Porträtbildern gemalt, in einer eigenen **Farbenwelt** und mit extra viel Frauenpower. Ausgestellt hat die autodidaktische Malerin die Gemälde in ihrem Atelier in Frankenthal, das unscheinbar in einem Reihenhaus neben Industriegebäuden überrascht.

Die Künstlerin malt seit 2006, 2015 hatte sie ihre erste Ausstellung. Ihre Botschaft: Sie will in den Formen und Farben, mit denen sie die Frauen in ihren Bildern wiedergibt, die Mensch-Natur-Symbiose in der Weiblichkeit zeigen. Inspirieren lässt sie sich gern von starken berühmten oder alltäglichen Frauen, beispielsweise im Bild „Hommage an Frida" oder in ihrem Selbstbildnis „Ich glaub, ich hab 'n Kater". Alle gemalten Damen haben große Augen, die in die **Seele** blicken lassen, die hochpigmentierten lichtechten Farben und die Sgraffito-Technik, bei der die Farben Schicht für Schicht aufgetragen und dann Formen reingekratzt werden. Das gibt Tiefe und Energie, die vom Bild auf den Betrachter überschwappt.

Neben den Frauenbildern setzt sie auch Landschaften und Pflanzen verschiedener Breitengrade und in allen vier Jahreszeiten mit dem Pinsel und expressiven Farbtupfern in Szene. Mit ihren Bildern nimmt die gebürtige Schifferstadterin die Betrachter szenisch mit in den **Alpen-Frühling,** den Regenwald oder in die Luft zu den Vögeln, die die Pfalz von oben sehen. In kurzer Zeit und auf wenig Raum hat man ein langanhaltendes **großartiges Erlebnis:** Der Blick verändert sich. Die Gedanken schweifen und kreisen. Die Energie fließt. Vom Bild zum Betrachter, der die Idee der Vielfalt und Offenheit mit nach Hause nimmt – manchmal sogar permanent für die eigenen Wände.

Für mich!
Bei Ausstellungen die Werke länger auf sich wirken lassen

Bärbel Vogt – Malerei und Bildhauerei, Atelier am Fuchsbach, Lambsheimer Straße 49, 67227 Frankenthal, Tel. (0 62 33) 93 02, www.baerbel-vogt.de

33 *Meine Kraftquelle*

WILDER, WILDER WALD

Fragt man die Pfälzer, wo sie am liebsten entspannen, ist die Antwort meistens: im Pfälzerwald. Am tiefsten entspannt man vielleicht an einer der waldreichsten Stellen: im Taubensuhl.

Der Pfälzerwald ist das größte zusammenhängende Waldgebiet Deutschlands. Am Taubensuhl, dem Stadtwald von Landau, sieht man die Menschen vor lauter Bäumen nicht. So ist es gewollt. Einsam ist es hier, ein Hauch von Nichts. Doch nein, die Bäume sind da, versorgen mit neuer Energie und entführen den Besucher in die Natur, natürlich bodenständig auf einem Wald(lehr)pfad.

Auf dem Weg zum Ausgangspunkt und Parkplatz passiert man eine serpentinenartige schmale Straße Meter um Meter, bis man auf 550 Metern ankommt. Kiefern-, Buchen- und Douglasienstämme ziehen vorbei und stimmen auf den kommenden **Waldspaziergang** ein. Im Winter liegt hier öfter Schnee, im Sommer ist es angenehm kühl. Am Parkplatz scheint das Jägerhaus im Fachwerkstil der letzte Zeuge der Zivilisation zu sein, der man für eine Weile entkommen will.

Für mich!
Einatmen, ausatmen, aufatmen mit frischer Waldluft

Wanderschuhe anziehen, Proviant richten, Rucksack aufhuckeln: Rund 3 Kilometer Rundweg mit oder ohne Stock und über Stein sind zu bewältigen. Vorbei an Hinweisschildern, Erklärtafeln und einem Wald-Bildungshaus des Forstes Rheinland-Pfalz geht man tiefer und tiefer in den Wald hinein. Zur Einstimmung und für etwas Aufschwung steht als erste Station des Waldlehrpfades eine Überraschung bereit: eine **Waldschaukel,** die an zwei meterhohen Holzpfählen befestigt ist. Hier kommt man runter – und auch wieder hoch, schwingt aus eigener Kraft wie damals, als es einem noch egal war, wie man wirkt. Eine schöne Lichtung mit hochgewachsenen Bäumen führt den Besucher wie durch einen Flur. An einer Station nach der anderen bilden heimische Nadel- und Laubbäume **Kletter- und Klanghölzer,** zeigen Baumstümpfe ihre Jahresringe und es wartet eine Weitsprunggrube. Am (ent)spannendsten aber ist die Station, an der man über den Dingen steht: An der Mitte der Strecke kann man einen Jägerausguck hochklettern und den Wald aus dieser Perspektive bewundern.

Waldlehrpfad Taubensuhl, Parkplatz an der L 505, 76848 Landau in der Pfalz

Meine Kraftquelle

BIS IN DIE BLATTSPITZEN

Mal kein Wein an der Weinstraße: Stattdessen führt das junge Ehepaar Jessica Schönfeld und Christian Weiß Teetrinker und Naturliebhaber gern durch ihre aromatische Teemanufaktur.

Kraut und Blüte auf den Feldern, Verkostung im wildromantischen Hof, naturbelassene Verpackungen – im kleinen Familienbetrieb dominieren **Aroma, Wärme und Stil.** Kein Wunder: Denn die Leipzigerin und der Rheinländer fühlen sich im sonnenverwöhnten Ruppertsberg so wohl wie ihre Kräuter. Auf mehreren Äckern bauen sie heimische, seltene oder exotische Kräuter an. Das Ehepaar nimmt Gäste bei einer Führung gern mit in ihre naturnahe Landwirtschaft.

Schon wenn man die Sorten hört, die hier in Handarbeit – oder mit Traktor Herbie – von April bis Oktober gepflanzt, gepflegt und geerntet werden, entsteht ein **Wohlfühlkino im Kopf:** Zimtbasilikum, Marokkanische Minze, Anis-Ysop, Eukalyptus, Hanf, Stevia oder Griechischer Bergtee. Zwischen ihnen wachsen natürlich Rotklee, Schwarze Malve oder Kornblumen. Auch sie sind Teil des Konzepts und werden als Farbtupfer unter die Tees gemischt. Nach der Ernte bekommen die Kräuter einen leichten Schnitt und werden im hofeigenen Kräutertrockner umgewälzt. Blüten wandern in den Dörrautomat. Sorte für Sorte werden sie in große luftdichte Tonnen abgefüllt. Kurze Wege und wenig Umfüllung erhalten **Qualität** und Aroma. Zu guter Letzt geht es in die Schatzkammer: Der Abfüllraum befindet sich in einer kleinen denkmalgeschützten Naturstein-Scheuer. Hier lagern, sortieren, wiegen, kombinieren und verpacken die Teegärtner die über 20 exquisiten Teesorten in grobe oder feinblättrige Varianten. Bei der Führung und Verkostung kann man das trinkbare Gold mit Augen, Nase, Ohren und Gaumen spüren. Für die Tasse **Sinnlichkeit** zu Hause nimmt man die beruhigenden bis scharfen Sorten von Königin der Nacht, Mentha Basil Smash, Marzipan-Salbei-Tee, Smashin' Pumpkins oder Bloody Bastard einfach mit – für eilige Fälle auch aus dem Selbstbedienungsregal gegenüber dem Hoftor.

Für mich!
Das blühende Leben in einer Tasse Tee

Schönfeld – Die Tee-Gärtner, Mittelgasse 23, 67152 Ruppertsberg, Tel. (0 63 26) 9 89 16 70, www.schoenfeld-tee.de

35 *Meine Kraftquelle*

BEI DER MODELLEISENBAHN

Blankgeputzt spiegelt sich die Oberfläche des Eiswoogs bei Ramsen. Zu Fuß, auf dem Ruderboot oder mit der historischen Stumpfwaldbahn bewegt man sich durch die natürliche Idylle.

Viele Wege führen in den Stumpfwald, der dem Donnersberg näher ist als der Weinstraße. Hierher verlaufen sich keine Touristen, sondern hier bewegen sich Menschen, die Abstand von Lichtsmog und Zivilisationsbeleuchtung suchen. Tiefe Taleinschnitte und wildromantische Wooge unterteilen das urige Terrain, das einen der dunkelsten Orte der Pfalz bereithält. Einer von ihnen ist das Eistal mit dem Eiswoog.

Wer zum ersten Mal ins Eistal kommt, erkennt den ehemaligen Forellenzuchtsee nicht gleich als solchen, so glatt ist seine Oberfläche. Die Bäume und das Hotel-Restaurant Seehaus Forelle am Ufer spiegeln sich in ihm, nachts die Sterne. Manchmal ist kaum zu erkennen, ob Zweige auf ihm schwimmen oder als Spiegelung zu sehen sind. Morgendlicher Nebel macht den Eiswoog noch mystischer. Schwäne und andere Wasservögel ziehen ihre Bahnen. Diese Kulisse erdet und entspannt, wenn man sie aus verschiedenen Perspektiven betrachtet. Als Spaziergänger gelangt man auf weichem Waldboden sanft um den See. Mit dem Ruder- oder Tretboot kommt man dem beruhigenden Gewässer noch näher. Man wird fröhlich wie die Forelle, die unter den Booten im Eiswoog schwimmt. Und als Naturschwimmer wird man Teil der Seenlandschaft.

Für mich!
Im Seehaus Forelle lokale Glanrind-Spezialitäten genießen

Schon das allein würde für eine Verwöhn-dich-Landschaft taugen, doch die Wirklichkeit setzt noch ein Upgrade darauf: Über das Eistal führt in 35 Meter Höhe in Fachwerk-Optik die längste Eisenbahnbrücke der Pfalz. Sie wird heute nicht mehr genutzt, die Regionalbahn aus Grünstadt endet mittwochs und sonntags oben kurz vor der Brücke. Dafür aber fährt unten im Tal eine historische Feldbahn von März bis Oktober vom pittoresken Bahnhof Eiswoog nach Ramsen durch das sumpfig-feuchte Naturtal. Diesel- oder dampfbetrieben nimmt sie die Gäste tiefer und tiefer mit in den Wald, der Alltag wird losgelassen, die Sorgen fliegen im Fahrtwind davon. Entspannung in der Kulisse wie bei der Modelleisenbahn.

Eiswoog, 67305 Ramsen

Loslassen wie im Schlaf

Körper und Herzenswunsch erspüren

YOGA NIDRA NIMMT HERZENSWÜNSCHE INS BEWUSSTSEIN

Yoga Nidra wird auch „Schlaf der Yogis" genannt. Die uralte Technik bewirkt, alle Ebenen des Bewusstseins während des Ruhens gezielt anzusprechen. Oft wird es mit anderen aktivierenden Yoga-Kursen angeboten, denn man sollte etwas Übung mit dem Shavasana, der Totenhaltung, haben. In ihr liegt man während Yoga Nidra regungslos 25 Minuten. Der Yoga-Lehrer spricht klar, monoton und wiederkehrend, welche Anweisungen zu befolgen sind.

Achtsam lauten die Ratschläge wie Einladungen: „Bitte deinen Körper" oder „Erlaube deinen Gedanken und Gefühlen". Beine, Arme, Kopf mit Zähnen und Zunge sollen entspannt liegen. Man achtet darauf, wo der Körper sich unwohl fühlt, ändert es noch oder nimmt es hin. Allmählich soll der Körper zur Ruhe kommen. Der Atem strömt alleine ein und aus. Nur das Hören und Fühlen bleibt aktiv. Es gibt nichts zu begreifen, nur den Anweisungen zu folgen. Das befreit und regeneriert. Man soll sich ein Bild davon machen, wie der eigene Körper im Raum liegt. Beine und Füße, Hände und Arme, Rumpf, Hals und Kopf liegen ganz still. An Hinterkopf, Schulterblättern, Gesäß, Armen und Beinen spürt man die Bodenberührung.

Nun wird die Wahrnehmung und Empfindung in jedes Körperteil gelenkt: von den zehn Zehen in die Füße, die Fußgelenke, Unterschenkel, Kniegelenke, Oberschenkel, Hüftgelenke. Danach kommen die Arme von den Fingern zu den Schultergelenken sowie der Rumpf bis zum Kopf in den inneren Blick. Man soll den Geräuschen der Umgebung lauschen: Straßengelächter, Schuhgeklapper oder ein Summen? Man beobachtet den Atem, ist wach und formuliert einen Herzenswunsch. Ein kurzer positiver Satz, ein Entschluss soll es sein, den man gedanklich dreimal wiederholt und dann wieder loslässt. Wie ein Mantra benennt der Yoga-Lehrer spontan und zügig die einzelnen Körperteile vom fünften Zeh bis zur Augenbraue, die man spüren, visualisieren und gedanklich nachsprechen soll. Man kommt in die Schwere, tiefe Schwere.

Danach zählt man innerlich von 27 abwärts. Man erinnert sich erneut an den Herzenswunsch und kommt zurück zur Vorstellung, wie man im Raum liegt, bevor man die Fußzehen wieder sanft bewegt und komplett „zurückkommt".

Meine Kraftquelle

DER STOFF DER HEIMAT

Royalblau mit feinen weißen Streifen: Der Stoff, den Winzer und Küfer seit Jahrhunderten tragen, strahlt Heimatliebe aus. Stefanie Wiebelhaus kreiert daraus Mode unter dem Namen Winzerblau.

Die Pfälzer mögen's traditionell. Seit Generationen fühlen sie sich in den Weinbauregionen mit den Berufsgruppen, die die Trauben pflegen und zum Lieblingsgetränk verarbeiten, stark verbunden. Von Weitem erkannte und erkennt man Winzer und Küfer an ihrer Berufskleidung aus fein gewebtem royalblauen Stoff mit dünnen weißen Streifen. Der Anblick schafft bis heute **Nähe und Bindung,** man kommt leicht ins Gespräch über Gott und den Wein. Das berührt des Pfälzers Herz und derer, die hier zu Besuch sind oder Urlaub machen.

Diesen Lifestyle will die Bekleidungstechnikerin und Designerin Stefanie Wiebelhaus seit 2014 in die Welt tragen (lassen): Unter dem Label Winzerblau näht sie aus dem beliebten Arbeitsbekleidungsstoff **coole Hoodies, elegante Westen und feine Tischwäsche.** Feinsinnig kreiert sie den „Heimatstoff zum Mitnehmen" in ihrem Atelier in Neustadt an der Weinstraße. Sowohl das Material als auch das Zubehör werden in Deutschland hergestellt und in Europa produziert. Slow Fashion von Winzerblau soll langlebig und schick sein: Hemden, Jacken oder Schürzen sollen für den Weinbau strapazierfähig sein, aber auch die Bekleidungstradition fortführen, denn jüngere Winzer sortierten die „Altkleider" der Vorfahren lieber aus. Mit schlichten Schnitten, feinsinnigen Details und optimaler Funktionalität werden die Winzerblau-Kleidungsstücke nun auch von der neuen Generation gern angezogen: **Modisch, praktisch und pfälzisch** ist die Grillschürze der Hingucker bei der Gartenparty. Die gerade geschnittene Kurzjacke setzt modebewusste Frauen bewusst in Szene – mit den hochknöpfbaren Ärmeln und dem identitätsstiftenden Knopf, der Traubenkerne in Form einer Sonne abbildet. Der Brotkorb aus Winzerstoff in Kombination mit dem umgeklappten weißen Innenstoff lässt die Vesper noch besser schmecken. Wer mit der Kleidung oder den **Wohnaccessoires** in Berührung kommt, wird verwöhnt.

Für mich!
Slow Fashion made in Neustadt

Winzerblau – Wiebelhaus Simply Wear, Pfarrhausstraße 15, 67435 Neustadt an der Weinstraße, Tel. (0 63 21) 6 79 06 39, www.winzerblau.de

37 Meine Kraftquelle

FESTBELEUCHTUNG DER NATUR

Im Frühjahr und Herbst, wenn die Bäume wenige Blätter tragen, taucht die untergehende Sonne den Altschlossfelsen beim Felsenglühen in funkelndes rotes Licht.

Vor etwa 250 Millionen Jahren lag die Pfalz noch am Äquator. Von den damaligen wüstenhaften Verhältnissen kann man heute zumindest optisch noch etwas spüren: am Altschlossfelsen im Wasgau. Die Sandsteingruppe dehnt sich über eine Fläche von 1,5 Kilometer an der pfälzisch-französischen Grenze aus, allein diese Größe ist spektakulär. Doch auch die Koloss-Formationen, die an Drachen, Geländer, eine Sanduhr oder einen Stöckelschuh erinnern, sind **phänomenal.** Wie in einer magischen Welt umwandert und bewundert man die naturkreierten **Höhlen, Unterstände, Öre** oder Torbögen. **Kieselsteine und Muscheln** „kleben" in der Felsenwand. Kugelformen und Einbuchtungen sind über Jahrtausende von Wasser, Wind oder Starkregen wie ein Kunstwerk gestaltet worden. Auch Kletterer schätzen diese Wabenverwitterung. Selbst Bäume, Farne und Kräuter lieben dieses **Wohnzimmer der Natur.** Sie bahnen sich mit ihren Wurzeln den Weg zu den Nährstoffen, zu Wasser und Mineralien im Boden, die sich in den Spalten, Ritzen und Klüften in den Felsen abgesetzt haben.

Für mich!
Die Bestandteile der Felsenoberfläche ertasten und erraten

Man staunt von „Ah!" bis „Oh!" über einen solchen natürlichen Baumeister. Dafür muss man nicht nach **Colorado** reisen, sondern nur mitten in Europa bleiben. Völkerverständigend begrüßt man vorbeiziehende Wanderer mit einem fröhlichen „Bonjour" oder „Hallo". Doch der **Höhepunkt ist ein Spektakel,** das im Frühjahr und Herbst bei schönem Wetter am Altschlossfelsen stattfindet: das Felsenglühen. Wenn die Sonne aufgeht und untergeht, taucht sie den roten Buntsandsteinfelsen in rot funkelndes Licht – bringt den Felsen also zum „Glühen". Wenn die umliegenden Bäume wenige Blätter tragen, reflektiert der verwitterte, bizarr gestaltete Buntsandstein die Sonnenstrahlen. Dazu erwärmen sich die Felsensteine mitten in der Natur so, dass man sich wie ein Wellness-Gast im natürlichen Sanarium fühlt. Optisch wähnt man sich in der Glut, fühlt sich aber wie im siebten Himmel.

Altschlossfelsen, 66957 Eppenbrunn

Meine Kraftquelle 38

MIT LEIB UND SOULFOOD

In der fleischlastigen Pfalzküche ist jede Leichtigkeit willkommen. In der Mira Salat- und Suppenbar in Neustadt-Hambach ist sie die Chefin in dem geschmackvollen Ambiente und bei den Speisen.

Wenn es draußen kalt und grau ist, gibt es nichts Besseres als eine hausgemachte Suppe. Wenn es draußen warm ist, gibt es nichts Besseres als einen knackigen Salat. Oder einfach beides. An einer normalen Durchfahrtsstraße ist das kleine feine Kochstübchen mit **Wohnzimmerambiente** und kleiner Terrasse eine echte unentdeckte Kraftquelle, die den Tag gesünder und schöner macht.

Endlich hat 2021 eine solche stilvolle „**Frischetheke**" auf wenigen Quadratmetern mit ein paar Sitzplätzen im traditionellen Neustadt Einzug gehalten. Man bestellt an der Theke und bekommt das kalte oder warme Tagesgericht zum Mitnehmen (im Mehrweggeschirr) oder an den Platz gebracht.

Für mich!
Genuss von der Linsensuppe bis zum Faule-Weiber-Kuchen

Kundinnen, die sich vegan oder glutenfrei ernähren, sind hier in ihrer Welt. Die liebevollen Teamkolleginnen beraten, erfüllen spontane Wünsche, stellen schnell einen zusätzlichen Klapptisch vor dem Eingang auf. Man sitzt in der Mitte des Alltagstrubels und fühlt sich doch wie in einer Oase.

Es duftet nach **Gewürzen von Asien bis zum Mittelmeer,** die mit saisonalem Gemüse und Kräutern aus der Pfalz zusammen in Kochtopf und „in Schale geworfen" werden. Im Februar gibt es Steckrübensuppe mit Zitronen-Dip, im August Gazpacho-Suppe mit Gemüsewürfel-Topping, im Oktober Süßkartoffel-Möhrensuppe mit Koriander und Erdnuss-Crunch – meist auch vegan und glutenfrei.

Alternativ warten wechselnde Bowls und Salatkompositionen auf **Frischefans,** wie die mediterrane Version mit Kichererbsen, Hummus und gebackenen Zucchini oder eine mit Radieschen, Spitzpaprika und Amaranth-Pops. Man fühlt sich erfrischt und **aufgepäppelt von Vitaminen** und Ballaststoffen, von Farben und Formen aus der Natur.

Mira Suppen- und Salatbar, Hambacher Straße 27, 67434 Neustadt an der Weinstraße, Tel. (0 63 21) 9 69 29 99, www.mira-salatundsuppenbar.de

Meine Kraftquelle

IM NAMEN DER ROSE

Herrschaftlich präsentiert sich die Königin der Blumen im Rosengarten Zweibrücken. Beim Schlendern durch den Park oder Chillen im Liegestuhl lässt man sich von Duft und Schönheit betören.

Die Rose ist die Diva unter den Blumen. Sie kennt die Reize ihrer Blüten, will bewundert und beschnuppert werden und den Menschen Wohlgefallen schenken. Am besten gelingt ihr das in **üppiger Vielfalt** und romantischer Naturidylle im Zweibrücker Rosengarten. Über 45.000 Rosen **erquicken unsere Seele** in einem der größten Gärten Europas. Überhaupt passt die Rose bestens zu Zweibrücken, einst Grafschaft und Herzogtum der Wittelsbacher. Die Herzöge von Pfalz-Zweibrücken errichteten das Schloss und einen immensen Barockgarten. Vor mehr als hundert Jahren eröffnete Prinzessin Hildegard von Bayern den Rosengarten. Wie Prinzen und Königinnen flaniert man vorbei an 1500 Rosensorten, die rund um Fontänen, Kunstobjekten und Pavillons wachsen.

Für mich!
Im Café und kleinen Dornröschen-Shop gibt es Rosiges zum Mitnehmen

Zu jeder Jahreszeit entfalten Rosen und Frühblüher sowie Nadelgehölze ihren natürlichen Charme. Wer eine Jahreskarte besitzt, kann den Lauf der Natur vom prächtigen **Blütenmeer** bis zur winterlichen Ruhephase miterleben. Die Rosengartensaison startet im April mit gelben oder lila Krokussen, **Hasenglöckchen, Narzissen,** einem Dach aus Blauregen und Schmuckbällen aus Zierkirschen und Magnolien. Nach den lila und rosa leuchtenden **Rhododendronblüten** steigen im Mai die ersten fernöstlichen **Wildrosen** in den Farbreigen ein. Mitte Juni bis Ende August steht das Rosarium in kompletter Pracht: Von der zartrosa „Steffi Graf" über „Helmut Schmidt" in Gelb bis zur historischen weißen Albarose „Maxima" strahlen und duften die Blüten für Mensch und Tier. Es summt und brummt im Sinnesgarten und bei den Duftrosen, und es singt und klingt bei sommerlichen Picknick-Events und Konzerten im Park. Ob barfuß oder auf einer Decke auf dem Rasen, im Liegestuhl in der Sonne, im Schatten unter Bäumen: Überall kann man die **Schönheit der Natur** einatmen, sich dem Rosenaroma hingeben und neue Kraft schöpfen.

Rosengarten Zweibrücken, Rosengartenstraße 50, 66482 Zweibrücken, Tel. (0 63 32) 9 21 23 02, rosengarten-zweibruecken.de

40 Meine Kraftquelle

TANZ DICH FREI!

Wenn du nicht mehr weiterweißt, tanz! Kinder und Menschen anderer Kulturen tun es selbstverständlich. Im Zentrum „In Balance" in Hainfeld tanzt man mit Soul Motion® wieder zur eigenen Melodie.

Im Weinort Hainfeld fühlen sich nicht nur Reben ausgeglichen und angenommen. In einem umgebauten Weingut direkt an der Weinstraße hegt und pflegt Ilona Dreißigacker seit vielen Jahren die körperliche und seelische Gesundheit von Menschen. **Mit ausgleichenden Bewegungen**, Entspannungstechniken, Gesprächen, mit Meditation, **Tanz, Klang und Gesang** bringt sie als Kinesiologin und Lebens-Coach mit anderen Kursleitern Balance und Bewusstsein, Ruhe und Kraft zurück. Helfer sind dabei die **vier Elemente** Feuer, Wasser, Erde und Luft, die der Seminarhauskomplex enthält: Im Innenhof steht als Gemeinschaftssymbol der alte Backofen des Oberdorfs. Der mediterrane Bauerngarten hält üppiges Grün und frische Früchte bereit. Dicke Sandsteinmauern stützen die lichtdurchfluteten Gruppenräume. Sie sind baubiologisch renoviert und nach **Feng-Shui** ausgerichtet.

Für mich!
Starrheit abstreifen und Gefühle rauslassen

Regelmäßig wird der Gruppenraum Isis mit der Bewegungs- und Tanzmeditation Soul Motion® zum offenen **Dancefloor:** Sanfte Melodien hallen aus dem ganzheitlichen Lautsprechersystem. Das Hörerlebnis mutet wie in einem Konzertsaal an – das berührt Seele und Körper. Soul-Motion®-Lehrerin und Musiktherapeutin Katya startet mit einer Meditation auf dem Yogakissen. Man wiegt sich sitzend im **Rhythmus** der Melodien, streckt sich vielleicht auf dem gewärmten Boden. Die **Klänge aktivieren mehr** und mehr: Ethno-Jazz, Chanson, Gipsy, Tribal Dance oder Bossa Nova schallen in den Raum. Man erhebt sich, tanzt mit sich allein, lässt Armen und Tanzbeinen freien Lauf. Starrsinn und Gefühle müssen raus. Man tanzt, als wäre man zu Hause im Wohnzimmer. Vielleicht ist man bereit für Bewegungen mit einem Mittänzer, ungezwungen, leicht und locker. Zum Finale schwingt man laut Soul-Motion-Philosophie in den großen Tanz des Universums. Man ist befreit, beschwingt und bewegt vom Scheitel bis zur Sohle – und hat getanzt, als wär's der letzte Tanz.

Zentrum in balance, Weinstraße 19, 76835 Hainfeld, Tel. (0 63 23) 98 96 41 oder 7 04 07 82, www.inbalancenet.de

41 Meine Kraftquelle

WO ES NACH HEIMAT SCHMECKT

Buschbohnen säen, Obstbäume schneiden, Möhren ernten: Auf dem solidarischen Wahlbacherhof in Contwig kümmert man sich im Team um die Lebensmittel. Die Frische kann man im Hofladen kaufen.

Weißt du, ob man Postelein essen kann, wie Leindotteröl schmeckt oder wann Kühe ihre Kälber bekommen? Antworten darauf bekommt man auf dem Wahlbacherhof außerhalb von Contwig mitten auf dem **Biohof im Tal** zwischen den Westricher Hügeln. Der Hof wird seit 2015 von Marlene Herzog und Marc Grawitschky als **Solidarische Landwirtschaft** (Solawi) betrieben. Das heißt: Sie sind nicht allein. Menschen aus der Region unterstützen mit einem monatlichen Mitgliedsbeitrag sowie ihrer Tatkraft beim Säen, Jäten oder Ernten. Dafür erhalten sie regelmäßig Gemüse, Getreide, Säfte, Eier oder Fleisch ab Hof.

Für mich!
Online in jahreszeitlichen Rezepten stöbern

Man teilt sich die **Arbeit** auf dem Acker und das **Vergnügen** mit den frischen Produkten, die man auch im kleinen, aber feinen Hofladen kaufen kann. Man zelebriert es, die Rote Beete oder die Kartoffel zu essen die man selbst „betreut" oder geerntet hat. Man schmeckt, dass das Suppenhuhn im Freiland Auslauf hatte und von Skudde-Schafen beschützt wurde. Man genießt das frische Fleisch vom Glanrindbullen, der grünes Gras fressen konnte und hofnah geschlachtet wurde. Bei jedem Bissen schätzt man die Wunder der pfälzischen Natur, ist demütig und dankbar für Roggen und Hirse, die man vor Ort mahlen kann, für Pastinake und Eichblattsalat, für Äpfel und Birnen von den Streuobstwiesen oder Schwedenfeuer von den Fichten, mit denen man den Dezember erhellt.

Diese **Nähe zur Natur** entspannt. Ü40-Menschen besinnen sich auf ihre Wurzeln in der Kindheit, als sie mit den Großeltern gesät, auf die Erdbeeren gewartet oder in der kalten Jahreszeit Winteräpfel und Rote Beete gegessen haben. Der Wahlbacherhof schenkt den Solawi-Mitgliedern die Möglichkeit, Kräuter, Küken und Kälber wachsen zu sehen, selbst in der Erde zu wühlen oder das kindliche Highlight mitzumachen: Auf der Hofrundfahrt mit dem Schlepper das Wintergemüse kennenlernen.

Hofladen und Solidarische Landwirtschaft, Wahlbacherhof 1, 66497 Contwig, Tel. (0 63 36) 8 39 00 35, www.wahlbacherhof.org

Meine Kraftquelle

BARFUSS ÜBERS MOOS

Beim Waldbaden mit Nadine Bub in Speyer kommt man Mutter Erde und sich selbst ganz nah.

Am Treffpunkt im Speyerer Stadtwald blinzeln die ersten Sonnenstrahlen durch Buchen- und Kiefernzweige. „Stell dich in ihre Mitte. Breite die Arme aus", sagt Nadine Bub mit sanfter Stimme. Sie ist Entspannungsexpertin und Reiki-Meisterin. Zum Waldbaden geht sie mit den Entspannungssuchenden ein Stück tiefer in den Wald hinein. Die erste **Umarmung** von der Sonne nimmt man dankbar entgegen. „Atme, nimm einen tiefen Atemzug", führt Nadine weiter ins **Waldbad** und fragt: „Wohin zieht dich der Wald?" Man folgt dem eigenen Gefühl, immer der Nase nach, querfeldein. Intuitiv entfernt man sich von den üblichen schnellen „Waldautobahnen". Stattdessen wird man langsam. Man nimmt wahr, wohin man tritt. Tiefer im Wald kommt man tiefer zu sich selbst. Man hört, wie es unter den Schuhen knistert und knackt. Man fühlt, wie es barfuß unter den Fußsohlen kitzelt, kribbelt und kratzt.

Für mich!
Einfühlsam ist auch ein Entspannungscoaching

Ob im kahlen Winter oder im üppigen Sommer – immer reicht der Wald Baumstämme, Äste, Laub, Zapfen, Farne, Wurzeln, Moos, Flechten, Früchte oder Pilze wie auf einem Tablett zum **Fest für alle Sinne.** Spricht dich die Kiefer, Buche oder Birke an? Man blendet aus, was vorher war und was danach kommen wird. Man ist im Hier und Jetzt, im Wald, mit dem Wald. In Ruhe, Atmung, Wahrnehmung. Minuten vergehen. „Mach die Augen zu und streiche über die Rinde. Was fühlst du? Was riechst du?" Die Antwort geht dir durch den Körper. Umarme den Baum. Lehn dich an ihn. Er wird dich halten. Er übergibt dir seine Kraft. Nimm sie an. Sanft leitet Nadine die Abschlussmeditation an: „Leg deinen Rücken an den Baum, verbinde deine Füße mit den Wurzeln, mit denen die Bäume miteinander kommunizieren". Ein wohliger **Holzduft** weht um die Nase. Nadine hat ein Holzstück vom lateinamerikanischen Balsambaum – genannt Palo Santo – angezündet. Sein Rauch wirkt reinigend für Körper und Geist. Man fühlt sich **gestärkt und gehalten** und wird durch den Alltag getragen.

Nadine Bub, Treffpunkt im Stadtwald, 67346 Speyer, Tel. (01 51) 56 96 48 68, www.nadinebub.de

Sing dich glücklich

Singen bringt Glück für Körper und Seele

SINGEN IST KOMPLETTENTSPANNUNG FÜR KÖRPER UND SEELE

Ich kann nicht singen. Ich singe schief. Ich schäme mich beim Singen. All diese Argumente hört man häufig in Deutschland. Singen scheint nichts Alltägliches zu sein. Dabei ist Singen das Beste, was man sowohl für den Körper als auch für die Seele tun kann.

Kennst du den Chor der Muffeligen? Was wie ein Paradoxon klingt, gab es vor einigen Jahren wirklich. Anke Engelke startete für den Fernsehsender ARD ein wissenschaftlich begleitetes Experiment mit der Frage: Macht Singen glücklich? 36 Menschen in schwierigen Lebenssituationen, belastet von Krankheiten, Trauer oder Depression und mit unterschiedlicher Chor-Erfahrung trafen sich drei Monate wöchentlich zum Singen mit einem professionellen Chorleiter und einem Musikwissenschaftler. Mit regelmäßigen Fragebögen sollten die Sänger ihr Wohlbefinden einschätzen. Zudem wurde in Speichelproben der Wert des Glückshormons Oxytocin ermittelt, das Stress lindert und das Wohlbefinden steigert: Und siehe da, das Befinden sowie die Hormonwerte waren nach der Chorprobe erhöht, die Muffeligen entspannter und glücklicher.

Einen weiteren Entspannungseffekt bringt die Gemeinschaft: Die Chormitglieder, die sich außerhalb der Proben weder begegnet wären noch sich getraut hätten, ein Gespräch zu beginnen, unterhielten sich miteinander, tauschten sich aus, machten sich Mut. Schon zwei Beweise dafür, dass Singen etwas für die gute Seele tut und man sich vielleicht einiges von der Seele singt oder spricht.

Außer auf die Seele wirkt sich Gesang positiv auf den Körper aus, ähnlich wie bei Dehnübungen oder leichtem Sport. Mit einer Viertelstunde hörbarem Gesang kommt das Herz-Kreislauf-System in Schwung. Man atmet tiefer ein und aus, die Bauchatmung ersetzt das flache, schnelle Atmen in die Brust. Es gibt mehr Sauerstoffsättigung, der Blutdruck sinkt, der Puls verlangsamt sich, Organe und Gehirn werden besser durchblutet und die Konzentrationsfähigkeit steigt. Zudem wird die Haltung besser und die Abwehrkräfte werden gestärkt. Besser geht's nicht!

Also: Einfach mal mit den Freundinnen oder der Familie, beim Geburtstagsständchen für den Kollegen, in der Kneipe, der Kirche, dem Chor oder zumindest alleine unter der Dusche aus vollem Hals mitsingen.

43 *Meine Kraftquelle*

LICHTBLICK IN DER DUNKELHEIT

Beschaulich und besinnlich erstrahlt Freinsheim in der Advents- und Weihnachtszeit mit Lichtern und leuchtenden Sternen in den Straßen. Die Wege führen zur Krippe und zum eigenen Inneren.

An sich ist die Pfalz kein typisches Weihnachtswunderland. Es liegt wenig Schnee, erzgebirgische Schnitzkunst und erleuchtete Schwibbögen in den Fenstern sind weit entfernt. Gerade deshalb ist Freinsheim ein Lichtblick. Die Stadt ist auch in anderen Jahreszeiten eine Königin des Wohlgefühls und der Verspieltheit. Klein ist hier fein. Die Freinsheimer mögen es **farbig und herzlich,** vieles ist aus Holz und Fachwerk, mit lebendigem Anstrich: Das kann man hier an den himmelblauen Türen, salbeigrünen Fensterläden oder orangeroten Fassaden erkennen. Die mittelalterliche Altstadt ist durchgehend mit Kopfsteinen gepflastert, die Stadtmauer beschützt die beschauliche und erbauliche Kulisse.

Für mich!
Nach Veranstaltungen des Theader Freinsheim Ausschau halten

Zur Advents- und Weihnachtszeit mögen die Menschen noch mehr **Heimeligkeit und Licht.** In den alten Gassen und auf dem Stadtmauerweg baumeln blütenweiße **Herrnhuter Sterne,** die mit Anbruch der Dunkelheit den Weg erleuchten. Freinsheim erhört die Sehnsucht nach Licht und Besinnung: Ein Sternenweg führt von Tor zu Tor und offenbart zwischen Eisen- und Haintor Schönes, Feines und Köstliches im Ambiente eines idyllischen **Weihnachtsdorfes.** Kopfsteinpflaster, kleine Lädchen, Galerien und Weinstübchen sind strahlend in Szene gesetzt und weihnachtlich geschmückt. Es duftet nach Glühwein vor manchem Café.

Um wieder auf den Weg zur Krippe zu kommen, findet man am schönsten Platz Freinsheims, am alten Vier-Röhren-Brunnen, wo früher Fässer geeicht wurden, Ochs, Esel und das Jesuskind, auf echtem Stroh gebettet, mit Maria und Josef als Pappmachéfiguren. Diese Szenerie ist ein äußerlich schönes Highlight auf dem Weg zur innerlichen **Geruhsamkeit der Weihnacht.**

Innenstadt, 67251 Freinsheim

SPORT FREI IM WALD!

Nordic Walking verbindet Fitness mit Naturerlebnis und ist zu jeder Jahreszeit möglich. Gerlinde Pfirrmann nimmt Waldwalker auf eine spektakuläre Tour an der deutsch-französischen Grenze mit.

„Bevor wir verkalken, lasset uns walken" – der Spruch ist Ansporn für Menschen, sich in frischer (Wald-)Luft fit zu halten. Gerlinde Pfirrmann ist als Sportpädagogin und zertifizierte Naturführerin bestens gerüstet, Menschen auf eine dynamische und schöne Nordic-Walking-Tour durch den Pfälzerwald mitzunehmen. Los geht's mit **Stöcken und Sportkleidung** beispielsweise am Spießweiher in Eppenbrunn. Der Grenzweg zwischen Pfalz und Frankreich ist kulturell wie sportlich ein Verbindungselement. Mit einer kleinen **Aufwärmung** lässt Gerlinde Pfirrmann die Waldsportler in den Flow kommen. Der erste Kilometer führt durch ein Wiesental auf dem breiten Helmut-Kohl-Wanderweg, auch als „Chemin de Helmut Kohl" gekennzeichnet. Diagonal bewegt man beim Gehen zeitgleich rechten Arm und linkes Bein und umgekehrt. Schnell kommen auch Oberkörper und Rücken durch die weitgreifende Armbewegung und den Stockeinstich im Boden in Schwung. Gerlinde Pfirrmann wirft ein Auge auf ihre Schützlinge: Werden Ferse und Stock in der **Druckphase** richtig aufgesetzt? Öffnen sich die Hände in der Schubphase? Wird der Stock in der **Schwungphase** kraftvoll nach vorne geführt? Wer schon geübter in der Koordination ist, hat den Blick frei auf die beeindruckend hohen und gesunden Bäume im Tal. Bald schwenkt man mit kleineren Schritten hinauf zum mächtigen Altschlossfelsen. Hin und wieder erzählt die Naturführerin etwas über die 250 Millionen Jahre alten Felsenformationen. Die Tour führt vorbei an und durch imposante Felsentore, bis die Anleiterin zur Rast mit **Energiebällchen** aus Kokos, Datteln und Mandeln einlädt und einen warmen **Mädesüß-Zitronen-Sirup** ausschenkt. Er tut dem Körper gut. Nach einigen Kilometern rund um den Altschlossfelsen kehrt man auf den Grenzweg zurück – und merkt so langsam, welches natürliche Ganzkörpertraining man sich gegönnt hat.

Für mich!
Von sportlich bis aussichtsreich gibt es Pfade für alle Belastungsstufen

Gerlinde Pfirrmann, Bitscher Straße 36, 66996 Ludwigswinkel,
Tel.: (0 63 93) 8 09 01 61, naturfuehrer-pfalz.de

45 *Meine Kraftquelle*

PICKNICK AUF PFÄLZISCH

Pack die Picknickdecke ein: Aus einem Spaziergang wird am Weinhäuschen des Weinguts Nicklis in Gleisweiler ein Fest.

Dort, wo die Rheinebene den Haardtrand küsst, schleicht man sich für ein paar Stunden in eine relaxte Welt. Der Rucksack ist schnell gepackt, eine **Brezel oder ein Weck** mitgenommen, **Picknickdecke** nicht vergessen. Ob der beruhigende Ausblick auf die Wingerte, das regenerierende Summen der Insekten oder das Zwitschern der Vögel: Bei einem Spaziergang rund um den Annaberg oder den Faulenberg, der oberhalb von Gleisweiler und Burrweiler über den Reben thront, werden unsere Sinne mit Wohlgefühl überschüttet.

So schlendert man hinauf und hinab und um die Weinberge herum – und verspürt nach einigen Kilometern doch die leise **Lust auf Erfrischung** und einen kleinen Wein(schorle)durst. Egal, wann der Appetit kommt, am Weingut Nicklis in Gleisweiler wird man 24/7, also zu jeder auch noch so unmöglichen Zeit, bedient: Und zwar von einem Weinhäuschen. Mitten im Grün der Wiese und Reben steht ein freundlich gestrichenes graues Holzhäuschen, das den Menschen, dem Hunger und Durst einen **Unterschlupf** bietet. „Hier geht's zum Genuss" ruft die Botschaft auf dem Schild herein. Auf anderthalb Quadratmetern befindet sich ein Regiomat, der alles bereitstellt, was der Pfälzer und die Pfalzfreundin braucht. Man kann sich eine Flasche frischen Nicklis Riesling Gleisweiler Hölle „ziehen", einen Nicklis Spätburgunder Rotwein Frankweiler Königsgarten oder zur Feier des Tages einen Riesling-Sekt. Auch Sprudel und Traubensaft stehen gekühlt. Zum **Knabbern** gibt es Käsecracker, Schokolade oder andere Snacks – alles in der Umgebung produziert. Dass man sich hier auf der Picknickdecke oder dem Palettensofa im siebten Himmel fühlt, liegt an einem weiteren Accessoire aus dem Regiomat: die originalen Pfälzer Schorlegläser aus Glas. Was für ein **Fest am Wegrand!**

Für mich!
Am Spiel- und Rastplatz neben der überdachten Kelter picknicken

---

Weinhäuschen am Weingut Nicklis, Weinstraße 11, 76835 Gleisweiler, Tel. (0 63 45) 18 04, www.weingut-nicklis.de

46 *Meine Kraftquelle*

HIER BIN ICH

„Ich will euch Ruhe verschaffen" – so steht es in Stein gemeißelt in der Wandplatte am Eingang der Krypta. Die Worte aus dem Matthäus-Evangelium werden im Herz-Jesu-Kloster in Neustadt wahr.

Weniger ist mehr. Besinnen, betrachten, nicht handeln. Wer die schwere massive Eichenholztür im Untergeschoss des Herz-Jesu-Klosters in Neustadt öffnet, kommt in einem schlichten, aber exklusiven Raum mit intensiver **Atmosphäre** an. Er liegt unter der Klosterkirche und kann barrierefrei von außen betreten werden. 2021 wurde die Krypta renoviert, auch dank der vielen Spender, deren Namen neben der Tür aufgelistet sind. Naturwände und acht Säulen, mal aus Sandstein und mal verputzt, reduzieren den offenen Raum auf das Wesentliche. Der Boden ist beheizt. Zudem vermittelt auch das Licht **Wärme und Schutz.** Ein Kreuz hängt an der Wand und wird nur mit der Beleuchtung in Szene gesetzt. Ein Steinquader aus dem nahe gelegenen Steinbruch formt den **Altar.** Eine **Kerze** steht auf dem Boden. Eine **Bibel** liegt aufgeschlagen auf einem Steinpult, das man verschieben kann. Harmonisch abgestimmt wollen die Elemente nicht zu viel Aufmerksamkeit auf sich ziehen.

Für mich!
Bewusst auf mich selbst besinnen

Diese soll schließlich bei dem sein, der die Krypta betritt: beim Wanderer, beim Gestressten oder beim Gast im Kloster. Nichts lenkt ab. Nichts dringt in den Raum. Der **Alltag bleibt draußen.** Hier ist man mit sich in der Stille allein. Man kann die Krypta selbst betreten und sich von der Klarheit erfüllen lassen. Oder man kommt zur Meditation und Besinnung hierher, die das Kloster regelmäßig anbietet, zum Beispiel am Freitagabend zu „Endlich Feierabend" oder zum Taizé-Gebet. Eigene oder angeleitete meditative Zeiten in der Krypta sind gut in Verbindung mit den Bildungsangeboten des Klosters möglich, wie beim Kulturfilm- oder Tanzabend, Heilfasten, Trauerseminar oder bei Auszeiten, Wander- und Oasentagen in Kloster und Wald. Das integrierte Gästehaus mit Vollverpflegung und modernen Zimmern liegt mit einem riesigen Garten am Waldrand über Neustadt.

Kloster Neustadt, Bildungs- und Gästehaus, Waldstraße 145, 67434 Neustadt an der Weinstraße, Tel. (0 63 21) 8 75-0, www.kloster-neustadt.de

47 Meine Kraftquelle

GESCHMACKSEXPLOSION

Wildkräuter suchen, erkennen und verarbeiten ist im Trend. Die Kräuterschule Wildwiese will beim Wandern und Kochen die Wertschätzung für Brennnessel und Knöterich auffrischen.

Unkraut sagen die einen, **Heilpflanze** und Geschmacksträger sagen Johannes und Ursula Schauer. Das Ehepaar betreibt die Kräuterschule Wildwiese und möchte den Menschen das nahebringen, was Großmutter und Uroma noch wussten. In Kräuter- und Pilzseminaren, bei Führungen und beim Kochen frischen und tischen die zertifizierten Naturführer Verlorengegangenes auf. Ob am Kurpark in Bad Bergzabern, am Ufer des Sauerbachs oder vor dem Biosphärenhaus in Fischbach bei Dahn: Man geht keinen Meter mit ihnen, ohne **Blätter und Blüten** zu finden, die Körper, Gaumen und Seele guttun.

Für mich!
Die Natur auf der Zunge zergehen lassen

Zu Beginn lenkt Johannes Schauer den Blick auf das Bekannte: Holunderblüten mit ihrem süßen Saft und der fiebersenkenden Wirkung. Auch die jungen Blätter der **Brombeere** sind genussreich in einem Salat. Im Umdrehen fällt Johannes Schauers Blick auf das Scharbockskraut, das als eine der ersten Pflanzen im Frühjahr sprießt: Er bietet es zum Probieren an. Ungewohnt, aber erstaunt über den scharfen Geschmack kosten die „Schüler" davon. Einige Schritte weiter hat Phytotherapeutin Ursula Schauer die rotlila Blüte einer Wicke entdeckt: Der süße, mineralreiche Blütensaft schmeckt nicht nur den Hummeln. Daneben stehen Brennnesseln, die Vitaminbomben unter den Kräutern, wilder **Feldsalat, Salbei, Giersch und Löwenzahn,** mit dessen Blättern und gelben Blüten man einen Spinat zaubern kann. Den nächsten Fund schneidet Heilpraktiker Johannes Schauer unter der Erde ab: Sichtbar wird die Wurzel einer Nachtkerze, die man wie Schwarzwurzel zubereiten kann. **Neuigkeiten für den Gaumen** warten auch am Flussufer des sauberen Fischbachs: Wiesenknöterich, Brunnenkresse, Mädesüß, Goldrute und Thymian stehen zum Wohle der Menschen bereit. Doch eine Geschmacksexplosion behält man auf der Zunge: die durstlöschende Säure des Sauerampfers. Wenn das nicht lustig und Lust auf Essen macht!

Kräuterschule Wildwiese, Kurtalstraße 12, 76887 Bad Bergzabern,
Tel. (0 63 43) 70 02 36, www.wildwiese.com

Tanz, als würde niemand zusehen

Entfalte dich in Bewegung

ANGELEITET FREI TANZEN MIT SOUL MOTION®

Soul Motion® ist eine Bewegungs- und Tanzmeditation, die von Vincent Arjuna Martinez-Grieco begründet wurde. Sie gehört zu den Bewusstheitstänzen, also Bewegungen zu Klang und Musik, um Körper und Geist in Einklang zu bringen. Erlaubt ist, was der Körper ausdrücken will, zum Beispiel wild mit den Armen wackeln, wie ein Kind herumhopsen, einen Schulterstand aus dem Yoga praktizieren oder sich am Boden räkeln. Dass es keine (sozialen) Bewegungstabus gibt und alles erlaubt ist, kann für Anfänger erst einmal ungewohnt erscheinen. Doch der Tanz findet in einem geschützten Raum statt – häufig in Yoga-Studios statt auf Dancefloors und in Partykellern. Man trägt bequeme Kleidung, spürt den Boden in Socken oder barfuß. Es geht nicht darum, gut auszusehen und die Aufmerksamkeit der Mittänzer auf sich zu ziehen, sondern darum, achtsam zu tanzen mit dem, was uns in dem Moment innerlich und äußerlich bewegt.

Auch die Soul-Motion-Musik ist so groß wie das Universum: Auf Ethno-Tribal-Klänge folgt ein Klassikstück, dann schließt sich ein rockiger Song mit E-Gitarren an, bis französische Chansons oder Walfischgesänge ertönen. Man spürt sich klanglich einmal um die gesamte Welt. Musik kennt keine Grenzen, spürt man. Eine Soul-Motion®-Passage, wie man eine Einheit nennt, folgt dem Konzept der „vier Landschaften", die die Tänzer erforschen:

- den inneren Tanz allein (Dance Intimate)
- die Begegnung mit einem Partner (Dance Communion)
- die Verbundenheit mit der Gemeinschaft (Dance Community)
- das Einschwingen in den großen Tanz des Universums (Dance Infinite)

Soul Motion®-Lehrer leiten an, aber lassen Freiheit und engen nicht ein. Sie wählen wie ein DJ die Musik aus. Sie inspirieren vielleicht mit ihren Bewegungen und dazu, sich selbst zu entfalten. Zu Beginn und am Ende kommen die Mittänzer zu einer kurzen Meditation zusammen und können erzählen, wie es ihnen geht und warum dieser Tanz Körper und Seele befreit und unkonventionell befriedet.

48 *Meine Kraftquelle*

WIE DIE AUFGEHENDE SONNE

Weingüter und Vinotheken gibt es in der Pfalz zahlreiche. Aber eine besondere Fusion von Kulinarik und Kultur gibt es im japanischen Restaurant Fumi im Weingut Biffar.

Betritt man die Vinothek der traditionsreichen Villa des Weinguts Biffar, geht die Sonne Japans auf und die **fernöstliche Ruhe** strömt in Körper und Seele: Klare Linien und Strukturen dominieren, man ist umgeben von offenen Sandsteinwänden und historischer Holzdecke.
Familie Tokuoka, die aus Osaka stammt, kaufte 2010 das jahrhundertealte Anwesen und führt die Winzertradition in interkultureller Manier fort: 2013 gründete die studierte Önologin Fumiko Tokuoka die Vinothek und das Gutsrestaurant „Fumi". **Authentisch** baut sie die Brücke zwischen japanischen Spezialitäten und pfälzischen Weinen. Denn wie so oft geht **Völkerverständigung** durch den Magen.

Für mich!
Bei der Weinlese im Herbst helfen

Die Winzerin und ihr japanisches Team begrüßen jeden mit ruhigen Gesten und entspannter Ansprache. Gerne folgt man der inneren Ruhe und lässt sich auf die **Kultur Japans in der Pfalz** ein. Bis ins letzte Detail sind Ästhetik und Kulinarik durchdacht und ein vollendeter Genuss für die Sinne. Die Speisen auf dem Teller lassen Platz, um auch die pastellblaue oder dunkelgraue Schönheit der japanischen handgemachten Keramik zu bewundern. Rinderfilet Teriyaki, Sushi mit Fleisch und Gemüse sowie Sashimi des Tages werden mit Reis und Suppe serviert. Wolfsbarsch, Seidentofu oder die Miso-Aubergine sind auf ein grünes Blatt gebettet und mit frischen Kräutern dekoriert. Essenzen wie Ingwer, Sesam, Wasabi oder Miso begleiten die Hauptspeisen in kleinen Schälchen.
Entspannung vermitteln auch der hauseigene Sekt und Wein: Sie werden nach der alkoholischen Gärung sehr lang auf der Hefe belassen. Zum Lunch oder dem abendlichen Japan-Menü werden die trinkbaren Schätze aus dem Gewölbekeller geholt: Beim Einschenken funkeln Chardonnay und Riesling golden. Dieser Zauber überträgt sich auf die Gäste, deren Augen vor **Freude** funkeln, deren Mund ein **Prickeln** verspürt und deren ganzer Körper im Hier und Jetzt genießt.

Fumi, Im Katharinenbild 1, 67146 Deidesheim,
Tel. (0 63 26) 7 00 12 10, www.josef-biffar.de

49 *Meine Kraftquelle*

PANORAMABLICK 360 GRAD

Auf dem 458 Meter hohen Reiserberg dreht man sich ungestört um sich selbst und sieht in allen Himmelsrichtungen nichts als Natur. Das macht den Kopf frei.

Sanft, rund und hügelig läuft die Pfalz im westlichen Pfälzer Bergland aus. Zwischen Schallodenbach, Heiligenmoschel und Niederkirchen im Tal liegt der Reiserberg als höchster Punkt auf knapp 460 Metern. Wandert man nach oben und steht auf der Höhe inmitten der Hügel, kann man die **Frische und Freiheit** gar nicht fassen: Nichts verdeckt die Sicht, nur ein paar Windräder fangen surrend den Wind ein. Wie ein **behaglicher Teppich** liegen dem Naturfreund die Pfälzer Höhen am Horizont zu Füßen. Eine Brise Nichts atmet man hier ein, ein Aroma, das befreit und beruhigt.

Man hat den Kopf frei für die Dinge, die einen hier oben umgeben: **Grasland und Getreidefelder,** einzelne Bäume, Vögel und Rehe. Man hat Muße für die kleinen Dinge im Leben, die man auch den Kindern einst erklärt hat: Erkennt man Norden und Süden? Wie leuchten die Sonnenstrahlen? Welche Formen zeichnen Wolken oder Kondensstreifen? Wie riechen Feld oder Wiese?

Für mich!
Der Weg zum Reiserberg ist Teil des Otterbacher Planetenwegs

Bei der Frage nach den Himmelsrichtungen kommt einem eine menschgemachte Neuheit zu Hilfe: Seit 2020 findet man am Reiserberg eine **Sonnenuhr** aus zwölf Stelen aus Schweinstaler Buntsandstein, jede mehr als 2 Meter hoch. In die Sandsteinobelisken sind die Wappen der zwölf Ortsgemeinden wie Mehlbach oder Schneckenhausen eingearbeitet, die alle zur Verbandsgemeinde gehören. Dazu kann man anhand der römischen Zahlen und des Sonnenstandes die Uhrzeiten von 9 bis 20 Uhr erraten. Doch die Zeit sollte den Ruhesuchenden nicht interessieren. Dafür aber das **Farbenspiel** aus Licht und Schatten, das besonders zum **Sonnenaufgang** und zur **Abenddämmerung** eindrucksvoll ist. Man kommt zur Ruhe, fühlt die Langsamkeit, findet Wege und Lösungen – oder ein Reh, das hier oben über die Felder springt. Und sogar ein kühles Getränk im selbstgebauten Unterstand mit solarbetriebenem Kühlschrank. So können Wolken und Stunden ziehen.

Reiserberg, 67701 Schallodenbach

50  *Meine Kraftquelle*

WENN DER HIMMEL ERDET

Wer sich nachts mit dem Palatinascout Volker Schledorn auf Nachtwanderung traut, erlebt eine Sternstunde unterm Himmelszelt.

Abends, 20 Uhr, am Eiswoog oder in Battenberg: Man hat eine Verabredung mit der Nacht – und mit Volker Schledorn. Während eines kleinen Imbisses wartet man auf die Finsternis und wird sanft vom Palatinascout auf einen Entspannungsweg geführt, der seit Jahrtausenden bewährt ist, aber heute oft unsichtbar bleibt: das Sternenzelt über uns. Mit der Coaching-Geschichte über einen Mann, der immer glücklich war, beginnt Volker Schledorn die traumhafte Reise hinauf in den werdenden Nachthimmel. Er enthüllt das Geheimnis des Glücks: „Schlafe, wenn du schläfst. Stehe auf, wenn du aufstehst. Gehe, wenn du gehst."

Die Gruppe setzt sich in Bewegung. Die **Nacht** steht schwarz und schweigsam über dem Pfälzerwald. Erste **Sterne funkeln,** flimmern, faszinieren. Anders als am Tag lenkt nichts ab. Man staunt nach oben und hängt dem Wanderführer und Trainer für Stressmanagement mit dem Ohr an den Lippen. Leises Ah! Demütiges Wow! Strahlendes Oh! **Kindliches Staunen** kehrt zurück. Man entdeckt den Großen Wagen und den Nordstern.

Für mich!
Im Sternenpark Pfälzerwald intakte Nachtlandschaften entdecken

Bei einer Rast legt man sich auf den Rücken, die Augen sind nachtscharf gestellt. Jedes neue Funkeln bekommt die exklusive Aufmerksamkeit. Man kuschelt sich unter das Sternenzelt wie unter eine schützende Decke. Man lässt sich **erden** vom Himmel. Im Dunkeln kommt man runter, schöpft neue Kraft aus der Natur, die im Dunkeln liegt: Volker Schledorn erzählt vom Lichtschimmer hinter dem Pfälzerwald und von der Lichtglocke über den Städten der Rheinebene, die den Sternenhimmel übertünchen. Unter der Lichtverschmutzung leiden die Entspannung der Menschen und die Orientierung von Insekten. Weniger und warmes Licht empfiehlt er und verbindet Natur und Mensch mit seinem Smartphone, auf dem eine App die Sterne des funkelnden Nachthimmels zu Sternbildern wie Herkules oder dem Kleinen Drachen verbindet. Schlafen will man hier noch lange nicht.

Palatinascout Volker Schledorn, Talstraße 6, 67304 Eisenberg, Tel. (01 73) 9 52 52 00, www.palatinascout.de

51  *Mein Tag Urlaub*

OASE NEBEN DEM MEHLSPEICHER

Beim Anblick des mächtigen Industriegebäudes der Holzmühle im kleinen Westheim ahnt man nicht, dass im Garten und im Mühlenturm eine feinsinnige Kunst- und Genussoase wartet.

Es war einmal eine Mühle in Westheim, die zwischen 1481 und den 1990er-Jahren Getreide zu Mehl verarbeitete. Seit einigen Jahren sind die Walzenstühle stillgelegt: Sie machen heute Platz für besondere Ruhe, Kunst und **Inspiration.** Mit viel Gespür und **Sinnlichkeit** haben die Inhaber der Mühle die Seele der Räumlichkeiten aufgegriffen und Gästezimmer, eine ethnologische Sammlung, einen Mühlenladen sowie einen Pfauengarten kreiert. Authentisch und modern designt erzählen sie die Geschichte der Mühle – und in der vierten Etage des Mühlenturms auch Kulturgeschichte. Denn Timo Heiny, einer der Inhaber der Holzmühle, ist **Ethnofotograf und Weltenbummler.** Auf seinen Reisen hat er Buddhas aus Indonesien und Tibet, Kunst- und Kulturobjekte aus Papua-Neuguinea entdeckt und gekauft. Von den Menschen im Südsudan und Äthiopien hat er packende Fotoaufnahmen gemacht und in der privaten Ethnologischen Sammlung ausgestellt. Man ist berührt, lernt und staunt. Auch Hobby-Ethnologen und Museumsexperten sind neugierig geworden, die Holzmühle kooperiert mit ihnen bei der Bestimmung von Objekten. Besonders umwerfend ist der 3,5 Meter große **Buddha,** der auf den an eine Yogaschule vermieteten Flächen seinen Geist verströmt.

Draußen hält das alte Mühlengelände ein Wellnesspaket bereit: Naturliebhaber und Genussfreunde können im **Pfauengarten** hinter dem Mühlengebäude (gegen Eintritt) eine Pause verbringen, auftanken und sich an der Umgebung oder an Köstlichkeiten aus dem Mühlenladen laben. Dort gibt es mehr als 25 Brotbackmischungen.

Das grüne Kleinod ist mit einem natürlichen Bachlauf gesegnet, an dem sich Kirsch- und Zitronenbäume, Palmen sowie weitere exotische Pflanzen reihen. Hier ist man im Paradies.

Für mich!
In diesem Ensemble kann man vor Freude die ganze Welt umarmen

Hofgut Holzmühle, 67368 Westheim/Pfalz, Tel. (0 72 74) 70 32 04, www.hofgut-holzmuehle.de

52  Mein Tag Urlaub

GEN HIMMEL WACHSEN

Schöne Kirchen stehen gern auf Bergen, eingebettet in die Natur. Bei der Weidenkirche auf dem Gartenschaugelände in Kaiserslautern ist die Natur „persönlich" der überzeugende Baumeister.

Anmutig sind die langen Weidenzweige zu seitlichen Mauern zusammengewachsen. Sie schlängeln und recken sich gen Himmel. Ein Ring hält und verbindet sie an ihren Spitzen zu einem Dach zusammen, hoch oben auf 15 Metern. Die Weidenkirche auf dem Kaiserberg auf dem Gartenschaugelände Kaiserslautern ist einmalig in Süddeutschland. Es scheint, als würden hier Erde und Himmel miteinander sprechen und harmonisch zusammenleben.

Die Natur – und einige fleißige Vereinsmitarbeiter – sind Baumeister der veränderlichen Weidenkirche: im Sommer mit sattgrünen Blättern, im Winter mit nackten braunen Weidenzweigen. Blaumeisen spielen hier zwitschernd Verstecken, Bienen, Hummeln und andere Insekten laben sich an der Weide. Der Anblick der Weidenkirche ist pur. Altar und Kreuz sind einfach aus Stein. So hat man Zeit, sich auf das Innere zu fokussieren bei Taufen, Hochzeiten oder regulären Gottesdiensten – von Ostern bis September. Protestanten und Katholiken feiern hier abwechselnd. Das Göttliche steckt in jedem Blatt und jedem Windhauch. Vögel und Insekten singen oder summen, fliegen hinein und hinaus, loslassend oder bleibend werden alle Geschöpfe angenommen. Natur und Spiritualität gehen ineinander über. Die Seiten sind zwischen den Weidengebinden offen für einen Blick hinaus. Im Blätterdach ist ein kreisrundes „Fenster offen" für den direkten Blick und Draht hinauf in den Himmel.

Die Weidenkirche steht auf der Kuppe des Weidenberges wie ein Fels in der Brandung. Um sie herum sind Streuobstwiesen, Kräuterlabyrinthe, Bauerngärten, ein Waldhaus und Meditationszonen angelegt, um die Natur seit der Landesgartenschau 2000 in die westpfälzische Großstadt zu holen. Bäume, Blumen, Obst, Gemüse, Wildbienen und Schmetterlinge sollen Leben bringen. Das kann man hier sehen, hören, riechen, schmecken und anfassen. Sogar Dinosaurier soll es hier geben.

Für mich!
Ein Stück Himmel auf Erden

Weidenkirche auf dem Gartenschaugelände, Lauterstraße 51 (Eingang), 67659 Kaiserslautern, Tel. (06 31) 7 10 07-0, www.gartenschau-kl.de

53  *Mein Tag Urlaub*

KULTURBOTSCHAFTER WEIN

Ob bei der Weinprobe oder dem Konzert im Garten – auf dem Weingut Janson-Bernhard fühlt man sich herzlich aufgenommen. Besonders familiär geht es bei der Handlese der Trauben zu.

Bei Christine Bernhard und ihrem Team bekommt man ein Komplettpaket an Erdung und Entspannung. Die Öko-Winzerin führt das denkmalgeschützte Weingut in Harxheim fort, bewirtschaftet einen 10 Hektar Weinberg und ist bekannt als passionierte Köchin, Kulturfreundin sowie Zellertaler Lokalpatriotin.
Betritt man den verwunschenen Hof, wird man von Kiwibäumen, Palmen, Oleandersträuchern, Blumen und Windlichtern empfangen. Man probiert ausgezeichnete Bio-Weine, die an den sonnenverwöhnten Zellertaler Hanglagen Schwarzer Herrgott oder Taubrunnen und danach lange in Holzfässern gereift sind. Ob Riesling Kalkfels oder Unterm Kreuz, Gewürztraminer oder Rosé Clairette: Ehrlich und mütterlich berät Christine Bernhard bei der Weinprobe im feierlich gestalteten Kreuzgewölbe oder im heimeligen Caféraum. Dazu sind regionale pfälzische Speisen und Zutaten aus dem eigenen Garten angerichtet, die die Gastgeberin am liebsten selbst zubereitet.

Für mich!
Die Winzerin ist Botschafterin der nordpfälzischen Weinregion

In den Genuss, am Familientisch zu sitzen, kommt man, wenn man sich an der Weinlese beteiligt. Bewusst und bodenschonend hilft man, die Trauben aller Weinberge von Hand zu lesen. Man schätzt den Wert der Natur und spürt die große Freude, die Früchte des Jahres mit zu ernten. Bei Brotzeit, frischer Luft und netter Gemeinschaft trägt diese Energie durch die kalte Jahreszeit.
Den Sinn für Sinnlichkeit bekommt man im hundertjährigen Park des Weinguts, der sich manchmal auch in einen Outdoor-Festsaal bei Kaffeetafel, Sektempfang oder in eine Bühne für Lesungen, Konzerte und Theaterstücke verwandelt. Jedes Jahr holt Familie Bernhard Profis, Hobby- und Nachwuchskünstler auf das riesige Anwesen zwischen uralten fernöstlichem Schurbaum und Ginkgo, südeuropäischen Kiefern und Zedern sowie heimischen Bäumen. Ein Genuss für alle Sinne.

Weingut Janson-Bernhard, Hauptstraße 5, 67308 Zellertal/Harxheim, Tel. (0 63 55) 17 81, www.jansonbernhard.de

54  *Mein Tag Urlaub*

WIE NEUGEBOREN

Eine ursprüngliche finnische Saunalandschaft schickt Körper und Seele im Felsland Badeparadies Dahn auf Reisen in die Weite und Wärme.

Am südwestlichen Ende der Pfalz wähnt man sich in den großzügigen Weiten Finnlands. Massive, im Polarklima abgestorbene und **natürlich getrocknete Kiefernstämme,** genannt Keloholz, formen die Bohlenwände der zwei Saunahäuser, des Wasser- und des Ruhehauses – ein authentisch finnisches Saunadorf steht für die deutschen und französischen Gäste bereit. Wohlige Wärme wird in den Holzstämmen der Bergkristallsauna, der Panoramasauna und des Kräuterhauses gespeichert. **Aromatische Aufgüsse** und **biologisch wirksame Lichtfarben** streicheln Körper und Seele: Oranges Licht oder der Lemongrass-Aufguss regen bei 95 Grad Celsius die Lebensgeister an. Blaues Licht oder die ätherischen Öle im Melisse-Honig-Aufguss wirken ausgleichend und erholsam. Mancher Saunameister schwingt nach dem Aufgießen artistisch das Handtuch.

Für mich!
Aufwärmen und abschalten wie in nordischer Natur

Auch vor den großen Panoramafenstern trägt die **urige Natur des Nordens** zur Erholung bei: Der umgebende Saunagarten mit dem Birkenwäldchen und dem Natur-Erlebnisbad ist so groß wie ein Park. Äste wiegen sich im Wind, Vögel zwitschern. Das Wasser zur Abkühlung im Freien fließt aus riesigen Sandsteinfindlingen. Man ist entschlackt, gestärkt und fühlt sich wie neugeboren. Nun lädt das **Ruhehaus mit Hängeliegen,** Fin-Lounge, Bücherregal und großen Fenstern zum Träumen, Schmökern oder Nichtstun ein. Bei sommerlichen Temperaturen ist das auch im Schatten der Birken oder auf der Sonnenterrasse neben dem Naturbad möglich. Beim Blick auf die Dahner Felsen fließen die Gedanken frei.

Wer es beim Saunieren milder mag, verwöhnt sich bei nur 58 Grad Celsius und hoher Luftfeuchtigkeit im Sanarium bei Klang und Farben. Ein besonderes Highlight ist das Biothermium, das unterirdisch in einem Gewölbe liegt: Man legt sich auf **Steine,** deren Wärme den Körper durchströmt, tiefere Muskelregionen entspannt und den Stoffwechsel anregt.

Saunawelt Dahner Felsland Badeparadies, Eybergstraße 1, 66994 Dahn, Tel. (0 63 91) 9 23 42 11, www.felsland-badeparadies.de

Parfum der Natur

Betörende Rose, entspannender Lavendel, winterlicher Zimt

WIE REGENERIEREND PFLANZEN DUFTEN

Im Rosen- oder Lavendelgarten, beim Brotbacken, zur Mittagszeit in den Dorfgassen: Schon, wenn wir uns diese Duftszenen vorstellen, haben wir ein wohliges und zufriedenes Gefühl im Kopf oder im Bauch. Umso stärker, wenn die Düfte durch die Nase einströmen: Wir lassen vom Stress ab, entspannen uns oder erinnern uns an das frische Brot, das wir als Kind beim Dorfbäcker geholt haben. Es läuft einem das Wasser im Mund zusammen, so gegenwärtig ist die Wirkung von Duftstoffen. Denn wenn wir die Düfte riechen, reagiert das limbische System unseres Gehirns. Dort werden Gedanken, Gefühle, Gedächtnis, Appetit und Verdauung gesteuert.

Liebe geht durch den Magen – und Genuss geht durch die Nase! Und jedes Aroma hat eine besondere Wirkung auf Körper und Geist. Manche Pflanzen duften über die Blätter, andere über ihre Blüten. Dazu eine kleine Übung: Nimm ein Thymianblatt zwischen die Finger, verreibe und verdrücke es und schnupper mit der Nase daran. Was riechst du? Ein krautiges, würziges Aroma entfaltet sich und wirkt ausgleichend, konzentrationsfördernd und stärkend. Nimm nun eine Rosenblüte und presse die Textur mit den Fingern, sodass die ätherischen Öle in der Luft deine Nase betören können. Was riechst du, woran erinnerst du dich? Beim blumig-süßen Duft denkst du vielleicht an eine Hochzeitsfeier oder die Hummeln im Garten der Nachbarin? Der zarte Rosenduft, ein Stimmungsaufheller, unterstützt die Regeneration in depressiven Phasen, entspannt und beruhigt.

Gerüche haben Einfluss auf unsere Stimmung, unsere Konzentrationsfähigkeit, unseren Appetit, unseren Schlaf oder die Sympathie für andere Menschen. Regenerierende, beruhigende Aromen wie Lavendel, Jasmin, Kamille oder Zimt können wir also für unser Wohlbefinden nutzen: in Form von frischen Blüten und Blättern, die wir beim Spaziergang erschnuppern, getrocknet im Duftsäckchen für Wohn- oder Schlafzimmer, als Öle für die Duftlampe oder den Duftstein zu Hause oder schließlich als Aufguss in der Sauna.

GRÜSSE VOM MITTELMEER

Inmitten einer parkähnlichen Kulisse und eingebettet in mittelalterliche Sandsteinmauern speist und flaniert man wie einst die Grafen. Im Hofgut Battenberg wähnt man sich am Mittelmeer.

Zypressen, Oleander, Palmen oder Lavendel bilden die Kulisse eines mediterranen **Landschaftsschauspiels.** Man atmet die verschiedenen Düfte ein und saugt ein Ambiente auf, wie man es aus dem Urlaub in Südeuropa kennt. In diesem Idyll wird die Natur von der Sonne verwöhnt und der Mensch von der Kulinarik.

Die ehemalige Remise der Burg Battenberg aus dem 13. Jahrhundert hat die Betreiberfamilie Schraut vor einiger Zeit in eine Gutschenke mit großzügigem Gastgarten verwandelt, in der **frisch, modern und mit Liebe gekocht** und serviert wird. In den rustikalen Innenräumen sitzt und schlemmt man vor alten Steinmauern und imposanten Holztischen. Paare finden hier Platz beim **Candle-Light-Dinner,** Wanderer bei ihrer Rast oder Familie und Freunde zum Feiern oder auch abends zur Weinprobe. Die verschiedenen Weiß- und Rotweine entstammen auch den eigenen Weinbergen rund um Battenberg.

Für mich!
Mediterran genießen und pfälzisch schlemmen

Vom **Winzerteller** über die **Winterbowl** bis zu hausgemachten Durstlöschern – die Betreiberfamilie Schraut bereitet Essen und Trinken vor allem mit regionalen und saisonalen Produkten zu. Fleisch, Gemüse und Kräuter werden von heimischen Landwirten und Händlern geliefert und gern mit mediterranen Köstlichkeiten kombiniert. So stehen Kartoffel-Kastaniensuppe, Maultaschen, Flammkuchen, Saumagen mit Weinkraut und Rumpsteak auf der Speisekarte, aber auch Schalentiere mit Kokoslinsengemüse.

Ein Highlight, auch geografisch gesehen, ist die **Weinlounge Aussichtsreich.** 2020 direkt auf der Burgmauer eingerichtet, eröffnet sie ab Mai den Blick auf den „zu Füßen liegenden" Rebenteppich und die Rheinebene. Hier genießt man bei Wein, Limonade und kleinen Snacks den Blick auf die Landschaft, je nach Jahreszeit in einer anderen Farbe getüncht. Doch was immer gleich bleibt: das Gefühl, frei zu sein wie ein Vogel und über dem Alltag zu stehen.

Hofgut Battenberg, Hauptstraße 1, 67271 Battenberg,
Tel. (0 63 59) 96 10 03, www.hofgutbattenberg.de

LANDLUST AUF RÄDERN

Im Hotel Kloster Hornbach ist alles vorbereitet, um das Wohlbefinden zurückzugewinnen. Muße und Langsamkeit kann man hier auch mobil erfahren: bei einem Ausflug mit einem Oldtimer ins Grüne.

Kennst du die Ausflüge der Landfrauen in „Lecker aufs Land" im SWR-Fernsehen? Ein Oldtimerbus verbindet Landwirtinnen aus Süddeutschland miteinander. In einer sanften Challenge besuchen sie sich gegenseitig, die Gastgeberin kocht für sie ein Menü, das dann bewertet wird. Beeindruckend ist dabei die gemütliche Stimmung im alten Bus, eine Langsamkeit und Unbeschwertheit, die man auch in der westlichen Pfalz finden kann. Denn das Kloster Hornbach bei Zweibrücken hält zwei mobile **Landlust-Schmankerl** zum Ausleihen bereit: Will man zu zweit die französische Langsamkeit im alten Renault R4, bekannt als **Ente,** Baujahr 1969 genießen? Oder soll's eine Gruppenausfahrt mit dem VW-Bus „**Bulli**" T1 aus den 1970er-Jahren sein?

Für mich!
Lass die Freiheit vergangener Tage zurückkehren!

Der Oldtimer steht abfahrbereit vor den Klostermauern. Schon ist der **Picknickkorb** im Kloster gepackt und wird im Kofferraum platziert. Nun heißt es Nostalgie pur: Einsteigen bitte, Zündschlüssel im Schloss drehen, kraftvoll aufs Gaspedal treten! Kurz heult der Motor, der Geruch von früher füllt die Nase. Die Power vergangener Tage wird zu neuem Leben erweckt. Vor der Abfahrt noch einmal – ganz klösterlich – um den Segen bitten, damit der Oldtimer die Genießer-Spritztour ohne Sperenzien übersteht.

Was liegt näher als Frankreich? Schon nach wenigen Kilometern hügelauf, hügelab erreicht man die grüne Grenze. Dank der europäischen Freiheit muss man nicht stehen bleiben. Man klappt oder kurbelt die Fenster herunter, damit der wilde Fahrtwind die Frisur zerzausen kann. Gemütlich lässt man die Vergangenheit vorbeiziehen, erinnert sich erfüllt an früher, bis man ganz hungrig wird. Leicht ist ein **ruhiges Fleckchen an einem Weiher** oder am Waldrand gefunden, um **Picknickdecke** und -korb aus dem Kofferraum zu holen, in der Natur auszubreiten und zu genießen, was die Klosterküche Hornbach als Proviant eingepackt hat. Diesen Geschmack vergisst man nie.

Kloster Hornbach, Im Klosterbezirk, 66500 Hornbach,
Tel. (0 63 38) 9 10 10-0, www.kloster-hornbach.de

57  Mein Tag Urlaub

LÄUFT WIE GEÖLT

Sankt Julian ist eines der schnuckeligsten Dörfer im malerischen Glantal. Seine historische Ölmühle kann man mit dem Fahrrad, der Draisine oder dem Wohnmobil bestens erreichen.

Idyllische Landschaft, Wohnmobilstellplatz mit Picknickplätzen am Flussufer, eine historische Sehenswürdigkeit: Der 1200-Seelen-Ort Sankt Julian im Kuseler und Nordpfälzer Bergland ist für naturverwöhnte Gäste wie gemacht. Klein, fein und grün vereinnahmt das Dorf die Menschen, die hier an- oder durchkommen. Highlight des Ortes ist die fast 300 Jahre alte Ölmühle, die als eine der letzten in Europa heute noch Mohn-, Raps-, Leinsamen- und Walnussöl gewinnen kann wie anno dazumal. Allerdings wird die Press- und Rütteleinrichtung heute nur in Vorführungen angeschmissen. Dann dröhnt aus den pittoresken Sandsteinmauern bis über den Glan das klappernde, knallende Geräusch.

Für mich!
Der Wanderverein Dippelbrüder gibt Tipps für schöne Glantaltouren

Die Mühle wird als denkmalgeschütztes Wunderwerk alter Mühlbaukunst immer wieder aufgepäppelt und erhalten. Mit viel Präzision und Detailliebe hat die Mühle 2008 ein neues Wasserrad erhalten, das mit Kammrad, Stockgetriebe und Königsrad den Mühlenstein antreibt. Ein gewaltiger Holzblock aus einem Baumstamm fällt mit Wucht und Knall auf die öligen Früchte und Samen.

Auch äußerlich ist die Ölmühle ein Schatz, der an französische Steinhäuser erinnert. Im Hofensemble nebenan soll ein Mühlencafé im Landhausstil entstehen. Ein Glückspilz ist, wer hierauf Aussicht hat: Ein Wohnmobilstellplatz befindet sich direkt gegenüber am Flussufer neben einer Brücke. Darunter schlängelt sich der Glan von der Saarpfalz aus in Richtung Norden und Nahe durch das gepflegte Tal. Glanrinder, eine wiederentdeckte Hausrindrasse, grasen genügsam und ganzjährig auf den grünen Uferwiesen. Der renaturierte Fluss ist ein Zuhause und eine Laichstätte von Rotauge, Zander, Hecht, Döbel, Barsch, Forelle oder Karpfen. Wo sich Fische gerne zurückziehen, tun das auch die Menschen: Der Glan-Blies-Radweg sowie die Fahrraddraisine von Altenglan bis Staudernheim begleiten den Fluss auf sanfte Weise und besänftigen die Seele.

Ölmühle Sankt Julian, Mühlstraße 8, 66887 Sankt Julian, Tel. (01 71) 2 63 90 76, www.sankt-julian.de/oelmuehle

RADELN UND SCHIPPERN

Auf dem Rhein-Radweg von Germersheim nach Leimersheim wartet ein schönes Anschlussgefährt zum Verschnaufen: die Rheinfähre Peter Pan nach Leopoldshafen.

Auf der Eurovelo-Radroute Nummer 15 strampelt man sich mit dem Fahrrad von der Rheinquelle bis zur Rheinmündung durch fünf Länder. Welches Glück, dass dieser Weg auch durch die Pfalz führt. Eine besonders entspannte Strecke führt von Germersheim gen Süden nach Leimersheim. Sie ist auch Teil der Südroute des Pfälzischen Jakobsweges. Ziel ist die Schnelllastfähre „Peter Pan", die das Städtchen mit dem badischen Rhein-Nachbar Leopoldshafen verbindet. Rund 13 Kilometer bewegt man sich vergnüglich durch gepflegte Wasser-Wald-Landschaft. Am Rheinuferpark in Germersheim-Mitte beginnt die asphaltierte Panoramaroute. Spielplätze, Sitzbänke und Infotafeln vor den Auwäldern säumen das pfälzische Rheinufer bis zum Ziegeleimuseum Sondernheim. Der Wegabschnitt gehört auch zum Treidelpfad, der daran erinnert, dass Knechte, Ochsen oder Pferde vor der Dampfschifffahrt die Schiffe vom Ufer aus mit langen Leinen flussaufwärts zogen. Danach fühlt sich das Radfahren ganz leichtfüßig an. Ein Lüftchen erfrischt. Ab dem Schleusenhaus Sondernheim mäandert man radelnd hinter dem Rheindeich entlang der Hördter Rheinaue und kommt beim Anblick der intakten Auwälder, Sumpf-, Gras- und Schilfflächen in der Bewegung zur Ruhe. Erste Häuser blitzen durch die hohen Eschen, Pappeln oder Weiden. Man erreicht den Ortsrand von Leimersheim. Will man sich vor der Überfahrt nach Baden noch stärken, kehrt man am pfälzischen Ufer in eine urige, kuschelige Kultkneipe ein: die Rheinschänke. Drinnen auf Omis Sesseln oder draußen auf bunten Gartenstühlen oder im Gewächshaus bekommen Radler ein Radler oder Biker ein Bier – mit bestem Essen. Nach viel Grün steigt die Wiedersehensfreude auf Blau: 500 Meter weiter am Fähranleger erkennt man „Peter Pan" an der Schiffsflanke. Man lernt zu warten, lehnt sich ans Fahrrad, sieht der Fähre beim Ab- und wieder Anlegen zu. Man verspürt keine Eile, nur die rheinische Freiheit.

Für mich!
Auch ohne Landgang hin und zurück Schiffchen fahren

Fähre Leimersheim, 76774 Leimersheim, Tel. (01 76) 21 82 61 98, www.rheinfaehre-leimersheim.de

59 — Mein Tag Urlaub

KLOPFEN, KRÜMELN UND KREIEREN

Schon das Klopfen beruhigt. Beim Steinhauen im Hof von Steinbildhauer Wolf Münninghoff in Zellertal erfährt man, wie meditativ es ist, die eigene Skulptur zu gestalten.

Vor einem liegt der Block. Aus Sandstein. Unaufgeregt zeigt Steinbildhauer Wolf Münninghoff, wie seine Handwerkstechnik funktioniert. Wenig später bekommt man Schutzbrille, Knüpfel und Spitzeisen in die Hand, auch bekannt als Hammer und Meißel. Laienhaft versucht man sich in der richtigen Handhaltung. Noch etwas grobmotorisch probiert man, vom Block eine Ecke abzuschlagen oder ein Muster in den Stein zu ritzen. Immer wieder berührt man den weichen Stein mit den Fingern, kommt mit ihm in Kontakt, lernt das Material kennen. Sandkörner bröseln, fliegen durch die Luft. Wie in ein Gespräch vertieft man sich Schlag um Schlag mit der Steinarbeit. Sandstein hat den Charme des Archaischen. Er lenkt nicht ab, zeigt sich selten verschnörkelt, man bekommt ihn pur vor die Finger und holt das Beste aus dem Naturprodukt raus. Man entwickle sich am Stein, sagt Wolf Münninghoff. Das Klopfen ist das Ziel.

Für mich!
Den kunstvollen Skulpturengarten bewundern

Klopf, klopf, klopf – der Sound erinnert an Musik. Entspannung für die Ohren. Wenn der Holzschlegel auf das Eisen schlägt, entspannt man mental, obwohl man körperlich tätig ist. Man klopft im Hier und Jetzt. Gespannt, aber gelassen gibt man dem Sandstein mit dem Zahn- oder Scharriereisen eine neue Gestalt. Man vergisst die anfängliche Scheu vor dem Unbekannten. Man kommt in den Flow. Man verliert das Zeit-Raum-Gefühl: Weniger ist mehr.

Auch der frühere Bauernhof mit den geschichtsträchtigen Mauern und einer kleinen Werksausstellung der Profi-Holzskulpturen oder Weihnachtskrippenfiguren ist ein Genuss. Nach einigen Stunden Steinarbeit überhört man fast, wie Wolf Münninghoff mehrfach zur Pause im wildromantischen Skulpturengarten ruft. Frühblüher, Schneckenskulpturen, verwunschene Bäume und Steingesichter am Stab umgeben die Sitzecke wie ein Meer aus Kunst und Natur. Neulinge oder wiederkehrende Hobbyhauer können Schnuppertage, Werkstatt- oder abendliche Blockseminare buchen.

Steinbildhauer Wolf Münninghoff, Lindenstraße 7, 67308 Zellertal, Tel. (0 63 55) 98 94 62, www.wolf-muenninghoff.com

142 | MEDITATIVES GESTALTEN

DURCH DIE ROSAROTE BRILLE

Kleine Mandel, große Wirkung: Zur Mandelblüte zieht die Weinstraße in Edenkoben ihr rosarotes Kleid an und lädt zum kulinarischen Wohlfühlspaziergang ein.

Schon Anfang bis Mitte März vertreiben **rosa und weiße Blüten** winterliches Grau und Tristesse. Die Mandelblüte verheißt erwachende **Lebensfreude.** Besucher aus dem nahen Baden-Württemberg oder dem fernen Berlin lechzen danach, dass die Natur wieder Farbe und Freude in ihren Alltag schwemmt. Der Anblick und Duft der Mandelbäumchen ist ein Schmaus für Augen und Nase. „Alles in Rosa" heißt die dazugehörige Gästeführung des Edenkobener i-Punkts. Die Spaziergänger begeben sich in ein **rosiges Bad** der Natur, schließlich ist die Mandel ein Rosengewächs. Start der Mandelwandler ist im **wildromantischen Winzergarten** des Weinguts Teutsch. Die Rosé-Secco-Gläser mit dem Emblem des einstigen bayerisch-pfälzischen Königs Ludwig I., des bekanntesten Sommergastes Edenkobens, stehen bereit. Die Winzermeisterin Martina Teutsch und Gästeführerin Martina Roth stoßen mit den Besuchern an. Die rosa Flüssigkeit prickelt im Mund. Dankbar erzählt die Edenkobener Gästeführerin, wie die Römer Mandeln, Wein und Spargel in die Pfalz brachten. Und dass hier etwa 20 Mandelsorten – von der Bad Dürkheimer Krachmandel über die Davidsmandel bis zur Palatina – angepflanzt wurden.

Passend dazu wird eine feine Mandelpraline gereicht – und los geht es quer über die Wiesen zwischen Weinreben und dem ehemaligen Kloster Heilsbruck. Geräusche, die man im Winter vergessen hatte, kehren zurück: Bienen, Vögel, Traktoren. Über den „Guggemolweg" gelangt man auf die Villastraße, auf der sich 200 Mandelbäume einen Schönheitswettbewerb liefern. An Picknickbänken macht man Rast. Martina Roth tischt auf, was die Pfälzer Mandel hergibt: Mandelbrot, Mandelkuchen und sogar Leberwurst-Mandel-Pralinen mit Sauerkraut umwickelt. Gaumenschmaus, während die Nase vom **Mandelblütenduft** betört wird. Zum Abschluss gibt es Mandellikör und die Aussicht durch die rosarote Brille.

Für mich!
Alternative Führungen im herbstlichen Kastanienwald buchen

I-Punkt Edenkoben/Gästeführer Edenkoben, Weinstraße 86, 67480 Edenkoben, Tel. (0 63 23) 9 89 78 58 oder (0 63 23) 38 11, www.gaestefuehrer-edenkoben.de

SPÜRE UND SCHMECKE!

Im Landidyll Hotel Klostermühle an der beschaulichen Alsenz bringen frisches Grün und feine Küche die Gäste in Einklang mit der Natur und sich selbst.

Besonders naturbelassen ist das Fleckchen Erde rund um das Landidyll Hotel-Restaurant Klostermühle im nordpfälzischen Münchweiler: Der weitläufige Garten, durch den die beruhigende Alsenz fließt, der grün schimmernde Teich, die saftigen Wiesen und die intakten Gemüsefelder schenken den Auszeitsuchenden **Frieden und Schönheit**.
Die Gaben der regionalen Flora und Fauna bringen die herzliche Gastgeberfamilie Jennewein sowie „Fräulein Lenz" auf den Teller und in die Gläser: eigenes, nachhaltig angebautes **Gemüse, Salate oder Wildkräuter** und einen guten Tropfen vom Weingut „Hinter der Kirche" – immer fein saisonal komponiert. Man kann den hier gereichten Köstlichkeiten von der Hotel-Terrasse oder der Bank am Teich nebenan förmlich beim Wachsen und Gedeihen zusehen. Frische von außen schafft Leichtigkeit von innen. Jede Mahlzeit ist ein Fest für Körper und Geist.
In Schwung kommen die Gäste bei einer Wanderung zur bewirtschafteten Retzberghütte am Sippersfelder Weiher oder beim anspruchsvollen **Aufstieg zum Donnersberg**. Oben angekommen, wird man mit einem fantastischen Ausblick auf das Nordpfälzer Bergland oder nach dem Rückweg mit einer belebenden Abkühlung im Kneippbecken direkt neben dem Hotel belohnt.
Wenn die Natur an der Alsenz ruht und neue Kraft schöpft, sollte man es ihr gleichtun: Im ehemaligen Mühlenspeicher des Hotels bitten eine schnuckelige Sauna und wohltuende Massagen unter dem **behaglichen Sandsteingewölbe** zum Verwöhnprogramm. Bei Aufgussaromen und ätherischen Ölen, die der Körper hautnah und über die Nase aufnimmt, ist man gewappnet für all das, was kommt. Atme, rieche, schmecke! In der Klostermühle lässt man sich inspirieren und erfrischen von der Einfachheit und Stärke der Natur. Manchmal lädt die Klostermühle auch zum Yoga Retreat ein, bei dem man auf dem Stand-up-Paddleboard oder barfuß auf dem Feld wieder ins Gleichgewicht kommt.

Für mich!
Leichtigkeit im Bauch und im Kopf

Landidyll Hotel-Restaurant Klostermühle, Mühlstraße 19, 67728 Münchweiler-Alsenz, Tel. (0 63 02) 92 20-0, www.klostermuehle.com

Meine Frei-Zeit

SIE SCHICKT DER HIMMEL

Annehmen. Loslassen. Einfach sein. Wer Einfachheit und Einsamkeit sucht, findet sie im Kloster Esthal. Doch auch Menschen, die Wohlgefühl und Wellness brauchen, sind in dieser Oase richtig.

Im tiefen Pfälzerwald etwas außerhalb vom Bergdörfchen Esthal steht man vor den Klostermauern und dem schwarz-gold verzierten Klostertor. Man ist über die Größe des Anwesens draußen im Park und drinnen in den heiligen Hallen und Fluren überrascht. Der Himmel schickt seine Botschaft an dieses pure, naturbelassene Fleckchen Erde. Menschen, die Einsamkeit oder stille Gemeinschaft suchen, sind hier genau richtig. Bis 2022 lebte, arbeitete, betete und pflegte die Ordensgemeinschaft der Niederbronner Schwestern die Gastfreundschaft im Kloster St. Maria. Der Orden musste altersbedingt aufgelöst werden, doch ihre Botschaft bleibt: Tu deiner Seele Gutes, komme zu dir und zum geistigen Wohlbefinden. Klosterkirche und kleine Räume stehen für spirituelle Rituale, Schweigsamkeit und Meditation bereit. Darüber hinaus kombiniert das Kloster Esthal auch Wellness- und Sportangebote wie Bogenschießen, Fastenwochen, Kräuterführungen, Fußbäder oder Wandertage für Singles.

Für mich! Ein paar Tage Seelenfrieden finden

Wer Ruhe und Besinnung sucht, findet hier die passende Abgeschiedenheit und Weite. Die Zimmer sind nüchtern eingerichtet mit einer Nasszelle oder Gemeinschaftsbad auf dem Gang. Nichts lenkt vom Wesentlichen ab – nur die traumhaft wilde Natur, die direkt hinter den Klostermauern beginnt. Vom Zimmer aus kann man vom Sonnenaufgang bis zum Mondschein jede Minute die atemberaubende Naturkraft um sich aufnehmen – wandernd oder auf der parkgroßen Außenterrasse. Apropos Kraft: Beim Fit-in-den-Tag-Frühstücksbüffet wirken erlesene Zutaten. Vom schönen Gemeinschaftsraum oder Balkon schaut man direkt auf eine Waldlichtung. Ob man einige Tage Ruhe gefunden, eine Entspannungsform oder Experimentierspiritualität ausprobiert oder sich an den Speisen gelabt hat, man geht kraft- und friedvoll wieder nach Hause.

Kloster Esthal, Klosterstraße 60, 67472 Esthal, Tel. (0 63 25) 9 54 20, www.kloster-esthal.de

Meine Frei-Zeit

FRÖHLICH WIE DIE FORELLE

Schweigen, schlemmen, schlummern – das wassernahe Dreierlei ist im Eußerthal möglich. Im ehemaligen Klosterort findet man, was Erde und Wasser hergeben.

Luft und Wasser sind in Eußerthal bergkristallklar. Frisch, fromm, fröhlich – die berühmte Pfälzer Waldforelle fühlt sich hier sichtlich wohl. Durch den Eußerbach und die Angelweiher am oberen Ortsrand plätschert es im ganzen Dorf. Aus dem Wasser kommt der Fisch frisch oder geräuchert direkt in den Hofladen am Angelweiher – oder man angelt ihn am Petrihof in naturbelassener Umgebung selbst. Die Wiesen am Wasser in Eußerthal sind sommers wie winters grün. Das kleine, lange Dorf ist überschaubar und wird beschützt von einer überdimensional erscheinenden Klosterkirche, deren roter Buntsandstein weithin leuchtet.

Man taucht hier in idyllische Ruhe und Einfachheit ein. Die erhaltenen Kirchenmauern erzählen von einer Zeit, als die Zisterziensermönche auf die nahe gelegene Reichsburg Trifels und ihre Reichskleinodien aufpassen mussten. Die echten Dimensionen der ursprünglichen Klosteranlage erstaunen: Auf den Grundmauerresten am Boden wandelt man auf den Spuren der frommen Vorfahren und spürt, was sie Anmutiges geschaffen haben. Für die Mönche galt das Schweigegebot. Auch heute tut es gut, zu schweigen, die Natur wahrzunehmen und anzunehmen.

Für mich!
Um den Angelweiher oder zu Böchinger und Siebeldinger Hütte wandern

Die Liebe geht an diesem Ort natürlich auch durch den Magen: Wer keinen Angelschein hat, kehrt einfach in den Birkenthaler Hof nahe dem Angelweiher oder ins Eußerthaler Klosterstüb'l, Mitglied bei Slow Food, ein. Beide „schmecken wie die Südpfalz", bescheinigen Auszeichnungen. Hier wird die heimische Fisch-Spezialität fangfrisch oder geräuchert serviert. Mit vollem Bauch kann man hier wie ein Zwerg oder Rapunzel gleich märchenhaft schlummern: Zur Auswahl stehen Betten in Weinfässern im Garten oder im Turmstübchen. Der Eußerbach rauscht, die Fische im Gartenteich tummeln sich, die Eichhörnchen hüpfen hin und her. Das macht Naturfreunde und Biker fröhlich!

Pfälzer Waldforellen, pfaelzerwaldforellen.de,
Birkenthaler Hof, birkenthalerhof.de, **Eußerthaler Klosterstüb'l**

ALPENFEELING AUF DER HÜTTE

Aus dem jahrhundertealten Forsthaus Annweiler hat Mike Neubrech eine charmante Berghütte mit riesigem Wohlfühlsaal gezimmert. Behaglichkeit bis tief in die Nacht.

Tagsüber sieht man den Wald vor lauter Bäumen und nachts die Hand vor Augen nicht. Das ist natürlich positiv gemeint, denn die Lichtung im Annweiler Stadtwald, auf der das Forsthaus seit 1831 steht, liegt etwas entfernt von der Zivilisation, dafür aber im besten Wandergebiet nahe dem Kirschfelsen. Rund 3 Kilometer sind es vom Parkplatz am Kaltenbach bis hinauf, wo sich Fuchs und Hase gute Nacht sagen. Auch Wildschweine drehen nachts gern eine Runde ums Forsthaus, weiß Mike, der Besitzer der Herberge. 2019 hat er seinen alten Beruf an den Nagel gehängt, um das verlassene Anwesen modern zu sanieren.

Mit viel Ehrgeiz, Elan und Eigenleistung renoviert er drinnen und draußen zur Freude der Gäste: Sie finden im Forsthaus neun behagliche Zimmer mit eigenem oder einem Gemeinschaftsbad. Wie in einer Alpenherberge sind die Räume mit dem ausgestattet, was man braucht: Rustikale Möbel und Details aus Kastanien- und Eichenholz erinnern an den Pfälzerwald.

Für mich!
Schnapp dir die beste Freundin und auf zum Plauder- und Bergwochenende!

Wanderer, Freundeskreise oder Familien, die etwas zu feiern haben, suchen hier einfache Ruhe und Einkehr tief im grünen Herzen des Pfälzerwaldes. Es gibt ein warmes Abendessen und Frühstück für die Übernachtungsgäste. Auch Tagesgäste machen hier Rast und laben sich an den frischen Gerichten aus der halb offenen Küche, die mit dem lichtdurchfluteten, weiß getünchten Gastraum eins ist. Er ist das Herzstück des Forsthauses. Denn Inhaber Mike will, dass Fremde über die schönen Holztische hinweg ins Gespräch kommen. Der „Herbergsvater" ist dafür das beste Vorbild: In Pfälzer Manier kommt er interessiert an jeden Tisch, schwatzt auf eine Wein- oder Apfelschorle mit seinen Gästen. Man spricht über die Wirtschaftsordnung oder die anstehende Wanderung am nächsten Tag und merkt kaum, dass es tiefe Nacht geworden ist – das beste Zeichen für das Rundum-Wohlgefühl im Forsthaus.

Forsthaus Annweiler am Trifels – Schwarzer Fuchs, Forsthaus Annweiler 1, 76855 Annweiler am Trifels, Tel. (0 63 97) 9 93 75 77, www.schwarzer-fuchs.de

Was Kinder (noch) können

Such dir einen echten Naturort

NATURBEOBACHTUNG IST ENTSCHLEUNIGUNG

Ein Regenwurm, eine Pusteblume, eine Pfütze – minuten- oder stundenlang bleiben Kinder vor einem Naturphänomen stehen oder sitzen, oder sie experimentieren damit. Ihr Blick beobachtet das Kleine. Sie schenken der Natur ihre umfassende Aufmerksamkeit. Sie vergessen Zeit und Raum, lassen sich von Flora und Fauna fesseln. Ihr Staunen und ihre Neugier sind förderlich: Wer etwas länger wahrnimmt, beobachtet und versteht, kann es auch wertschätzen.

Auch wir als Erwachsene sind eingeladen, Kontakt mit der Natur aufzunehmen, Tiere und Pflanzen staunend zu begreifen. Achtsamkeitsübungen im Freien und die bewusste Entschleunigung erlauben uns, in der Natur und letzten Endes bei uns selbst anzukommen. Zum Beispiel die Bäume: Sie begleiten uns Menschen seit Anbeginn der Zeiten, bieten uns Schutz, Wärme, Nahrung und die Luft, die wir zum Atmen brauchen. Wer unter einer großen alten Linde oder einer Eiche stand oder sich erschöpft an ihren Stamm gelehnt hat, durfte die Kraft spüren, die von diesen Baumriesen ausgeht.

Nimm dir exklusiv Zeit zum Fühlen, Riechen, Sehen, Hören, Schmecken. Nimm Blätter, Blüten, Früchte, Insekten, Vögel und andere Tiere oder auch den Boden, das Wasser und den Himmel wahr. Nimm dir Zeit, alles genau zu betrachten oder auf einem Papier vielleicht nachzuzeichnen.

- Was bewegt dich, wenn du dir das Naturobjekt näher anschaust?
- Was ist schön und erstaunlich daran?
- Wie fühlt sich eine Handvoll Erde oder Wasser an?
- Was bewegt sich darin, was krabbelt oder schwimmt?
- Was fühlt sich ungewohnt oder gar eklig an?
- Welche Naturgeräusche hörst du an einem ruhigen Ort
  oder hinter Zivilisationsgeräuschen?
- Wie dunkel ist es nachts wirklich?
- Wie reagiert dein Körper auf Lichtverschmutzung
  oder aber komplette Dunkelheit?

Beim Menschen wurde in einer Studie 2021 bestätigt, dass Vogelgezwitscher gegen Stress hilft und Wassergeräusche bei hohem Blutdruck oder Zahnschmerzen wirken. Schärfen wir die Sinne, schulen wir Langsamkeit und Dankbarkeit, kommen in Einklang mit der Natur und erholen uns.

65  *Meine Frei-Zeit*

SCHLAU WIE DER ESEL

Bei der geführten Eselswanderung an der deutschen Grenze im französischen Rolbing passt man sich schnell der tierischen Langsamkeit an und spürt die Tiefenentspannung.

Das entspannteste Tier der Welt ist das Faultier, das der Pfalz ist der Esel. Im lothringischen Ohrenthal hat man alle Zeit der Welt, sich davon zu überzeugen. Erlebniswanderführer Herbert Kallenbrunnen und seine Partnerin Sabine wohnen hier in ihrer Wahlheimat mit Border Collie, einigen Ponys, zehn Hühnern, Hahn und einer Zwergesel-Familie: Die vier Vierbeiner sind Mutter Stella und Vater Sam, Sohn Sky und Tochter Sunny. Ihr Vertrauen gewinnt man am schnellsten, wenn man ihnen die **flauschigen Ohren** streichelt und massiert. Die Ohren senken sich als **Zeichen purer Entspannung.**

Für mich!
Nach erfolgreicher Wanderung bekommt man ein Eselsdiplom

Bei einem Spaziergang und der Tierpflege lernt man, ihre **Körpersprache** zu verstehen: Esel wollen beschützt werden von Menschen, aber bitte mit Führungsqualitäten. Das braucht **Achtsamkeit und Konsequenz.** Erste Übung: Das Halfter hinter Stellas, Sams, Skys oder Sunnys Ohren und an ihrer Schnauze befestigen. Mancher von ihnen prüft mit Wegducken, an wen er sich da bindet. Durch das nun offene Gatter wandert die Spaziergruppe den Feldweg hinauf ins Weite. Man geht langsam neben dem Esel, lässt die Leine ruhig etwas durchhängen. Bei einer **„Wer-führt-wen"-Probe** beugt sich der Esel hinunter, um etwas Gras zu naschen. Doch zu viel davon wäre ungesund für ihn – und man zieht beherzt an der Leine, um weiterzuwandern. Man kommt mit den Mitwanderern ins Gespräch, doch hin und wieder fordert der Esel die menschliche **Aufmerksamkeit:** Ein Geräusch erschreckt ihn, ein Grashalm macht ihm Appetit, er bleibt einfach stehen. Man lernt, besonnen darauf zu reagieren und schiebt den Esel einfach mit dem eigenen Körper beispielsweise am Grenzstein zwischen Deutschland und Frankreich in das gewünschte Land. So übt man sich in Achtsamkeit – auch bei der **Fell- und Hufpflege,** die nach dem Ausflug nötig ist. „Huf hoch" ruft man und tippt leicht an die Unterschenkel, so oft es eben nötig ist. Noch lange hallt das freudige Iah im Herzen nach.

Herbert Kallenbrunnen, Ohrenthal, FR 57720 Rolbing,
Tel. (0 1 63) 1 46 48 18 (deutsche Nummer)

WENIGER IST MEHR ... NATUR

Im Baumhaus Sankt Martin kommt die Natur von außen auch ins Innere: Man spürt die Kraft, über dem Alltag zu stehen und mittendrin das Wesentliche zu sehen.

Hast du schon einmal draußen und trotzdem weich und flauschig geschlafen? Im Baumhaus Sankt Martin ist beides möglich. Hier hat das Ehepaar Holländer sich und vielen Gästen einen Traum erfüllt: Am Waldrand im Winzerdörfchen St. Martin schläft man sozusagen zwischen Birken und Buchen in frischer Waldluft und auf einer Naturlatexmatratze. Denn mit einem Handgriff schiebt man das Bett, gebaut von Matthias Holländer aus alten Dielen, auf die Terrasse und lässt sich von der Nachtigall oder dem Blättersäuseln in den Schlaf singen.

Wer hier einige Nächte verbringt, den überkommt wohl das Gefühl, das Gastgeber Matthias Holländer 2016 beim Anblick eines Holzhauses auf Stelzen in Bayern gehabt haben muss: Der Pfälzer wollte einen solchen Unterschlupf aus Naturmaterialien in seine Heimat bringen. Nach einem Jahr Bauzeit durften Ende 2019 die ersten Gäste das komfortable Waldhaus betreten, riechen und fühlen.

Für mich!
Das Farbenspiel der Sonne und des Mondes beobachten

Der Wald ist um das Haus herum und auch im Haus: Holz von Eiche, Fichte, Tanne, Lärche und Douglasie wurden für Boden, Diele, Schränke, Außen-Sitzgruppe und die Terrasse, die um die gesamte Fassade läuft, verwendet. Die Bretter stammen meist aus dem Schwarzwald und wurden upgecycelt. Man weiß nicht, wo man zuerst hinsehen, sich hinsetzen oder wohin man zuerst gehen soll: In den Wohn-Ess-Bereich mit der gemütlichen Sitzgruppe im minimalistischen Hygge-Stil? Oder ins Badezimmer, wo man beim Zähneputzen durch das Panoramafenster ein Reh erblicken könnte? Oder sollte man an der Strickleiter nach oben in die offene Schlafgalerie klettern und durch die Dachfenster nach den Sternen greifen? Alles entspannt sich vor tiefem Wohlgefühl. Ausflüge will man nicht machen, nur hierbleiben – und dabei gemeinsam spielen, kochen und essen, Farben und Sound der Natur bestaunen, ganz ohne WLAN und all die Dinge, die zu Hause den Blick auf das Wesentliche verhindern.

Baumhaus Sankt Martin, Kuckucksweg 6, 67487 St. Martin, Tel. (0 63 27) 6 03 98 60, www.baumhaus-sankt-martin.de

SO SCHMECKT DAS GLANTAL

Rauschendes Wasser, saftige Wiesen und seichte Berge: Im Felschbachhof in Ulmet am Glan wird man vom Frühstücksmüsli über das passende Kissen bis zur Massage nachhaltig verwöhnt.

Man könnte meinen, die pittoresken Dörfer am Glan lieferten sich einen Wettstreit in historischer Idylle und Schönheit: Beschauliche Fachwerkhäuser, Kirchturmspitzen, Mühlen und Burgmauern sind sehr gut erhalten. Zu Fuß, mit dem Fahrrad oder mit einem besonderen Gefährt, der Fahrraddraisine, kann man das grüne Tal von Altenglan über St. Julian und Odenbach bis Staudernheim in Langsamkeit erkunden.

Das Waldhotel Felschbachhof reiht sich als „grüne" Unterkunft in die Landschaft ein. Am Waldrand außerhalb des Dörfchens Ulmet empfängt das Klimahotel der ersten Stunde Kurzurlauber, die Nachhaltigkeit, Entspannung und Genuss suchen. Das Hotel- und Gastronomieteam kümmert sich mit dem passenden Kissen für jeden um gesunden Schlaf, mit Slow Food um gesunde Ernährung entsprechend der Jahreszeiten und mit Sauna und Wellness-Behandlungen um gesundes Körpergefühl.

Für mich!
Genieße Glühlachs und Grillfleisch aus der Kota-Küche in der Finnhütte

Man startet den Tag mit einem Bio-Fitness-Frühstück mit mehreren – auch glutenfreien – Brotsorten, Bircher Müsli, Milchreis, selbstgebackenen Scones und Croissants sowie Honig und Beerenmarmelade aus dem hauseigenen Bauerngarten, in dem alte Obst- und Gemüsesorten wie Topinambur oder Reineclaude gepflegt werden. Man blickt durch die großen Fenster in den beruhigenden Wald oder beobachtet die Vögel an der Wassertränke.

Wer auf Touren kommen will, bekommt eine Nordic-Walking-Strecke empfohlen, wird für eine Fernwanderung in den benachbarten Nationalpark Hunsrück chauffiert oder kann beim Eseltrekking eine tierische Entschleunigung erleben. Nach der Bewegung lässt man den Tag in der behaglichen Saunawelt ausklingen. Gesund schwitzend kommt man zu neuer Kraft. Kulinarisch neue Energie bekommt man im Bio-Restaurant beim Spargelsüppchen, dem Saiblingfilet mit Rieslingsoße oder dem Ragout vom lokalen Glanrind.

Restaurant und Waldhotel Felschbachhof, 66887 Ulmet, Tel. (0 63 87) 91 10, www.felschbachhof.de

Meine Frei-Zeit

FERNWEH GANZ NAH

Von April bis Oktober fährt die Bundenthaler Bahn sowie der Felsenland-Express direkt zum Ferienbahnhof Reichenbach. Dort steigt man in den Ferienwaggon um – und startet die Auszeit.

Einsteigen, zurückbleiben bitte, Türen schließen selbsttätig! Dieses Gefühl der Freiheit, Nostalgie und Langsamkeit beschwingt und beschert heute wie damals Urlaub. Was nach „gestern" klingt, ist zum Entspannen genau richtig. Zugfahren entschleunigt, vor allem wenn das Ziel der Ferienbahnhof Reichenbach im Dahner Felsenland ist. Am **historischen Bahnhöfchen mit pittoresker Fachwerkfassade** ist alles für eine schöne Auszeit „auf Achse" bereitet.

Vor einigen Jahren hat die Mehrgenerationen-Familie Burkhart das Bahnhofsgebäude zum „Alten Bahnhöf'l" umgestaltet und es als Feriendomizil erweitert, das nicht nur Zugfans und Bahnfahrer begeistert. Im Sommer laden der großzügige Innenhof unter Palmen und im Winter Kachelofenatmosphäre zu frischen regionalen, saisonalen Spezialitäten ein. Auch **Elsässer Schnecken** und **Dijon-Senf-Soße** gehören ins Repertoire, schließlich ist man nur wenige Kilometer von der französischen Grenze entfernt.

Für mich!
Leckere Bordgastronomie am Bahnhof Busenberg-Schindhard

Vor dem Bahnhof wird man von einer **historischen Lok,** der KÖV Baujahr 1948 der Gmeinder Lokomotiven Werke, auf den Ferienbahnhof eingestimmt. Fahrräder passieren Reichenbach auf dem Pamina-Radweg von Hinterweidenthal nach Wissembourg. Alles ist in Bewegung, aber man will am liebsten hierbleiben. Dafür hat Matthäus Burkhart mit seiner Familie Übernachtungen auf Achse arrangiert: Fünf Ferienwaggons lassen Schlafwagenstimmung aufkommen. Doch statt wackeliger Nacht auf Schienen verbringt man die Sommernacht auf der **Terrasse vor dem Waggon,** schläft im **Rausch der Wieslauter** ein und wacht in der bewährten Idylle wieder auf. Morgens frühstückt man am Bachlauf oder wartet auf das frische Mittagessen im Restaurant. Wer es bodenständiger mag, quartiert sich in den Ferienwohnungen im modernisierten Lokschuppen ein – oder ab Sommer 2023 im neugebauten Ferienbahnhof-Hotel, natürlich mit einer Original-Eisenbahn im Gebäude!

Ferienbahnhof Reichenbach, An der Reichenbach 6, 66994 Dahn-Reichenbach, Tel. (0 63 91) 37 55, www.ferienbahnhof-reichenbach.de

VOM KOPF IN DIE HAND

Formen, drehen, sich spüren – töpfern hat eine heilsame Wirkung. Im Keramikhaus No. 12 in Wachenheim begleitet Antje Altehöfer auf dem Weg zum eigenen Kunstwerk.

Kommt man im Keramikhaus No. 12 zum Wochenendkurs im Winter oder zum mehrtägigen „Drehen unterm Sonnenschirm" im Sommer, hat man noch Flausen im Kopf. Das Ziel: Das neue Stück soll so aussehen wie die Wunschkeramik auf dem mitgebrachten Foto. Doch im Atelier von Antje Altehöfer wird man schnell langsam und leise, körperlich und geistig kreativ.

Am Anfang ist der Ton. Ihn muss man schlagen oder kneten. Die Hürde am ersten Tag: Der wasserhaltige Tonschlicker muss raus. Fingerspitzen, Handflächen und die Kraft der Hände nehmen Kontakt zur noch unbekannten Masse auf. „Die Technik muss vom Kopf in die Hände", gibt die Keramikerin und Kunstpädagogin mit auf den Weg. Leicht gesagt, langfristig getan. Die Hände spüren und formen, verwerfen wieder und machen neu.

Für mich!
Meditieren mit den Händen im Atelier oder unterm Sonnenschirm

Am zweiten Tag wird der Ton mit den Händen aufgebaut, zu einer Platte ausgerollt, zu einer Kugel geformt oder ausgehöhlt. Antje Altehöfer zeigt Formen und Technik, erklärt und besänftigt, eröffnet die Plätze an der Drehscheibe. Diese will umsichtig behandelt werden, mit Fingerspitzengefühl und innerer Ruhe. Auch Profis müssen sich beim Drehen mental zentrieren, um den Ton gleichmäßig hochzuziehen. Die Drehscheibe zwingt zu Entschleunigung und Balance. Der Kopf löst sich von Vorstellungen, die Hände erfahren die Veränderung haptisch. Man kommt ins Tun, spürt sich. Das erdet, beruhigt, regeneriert Körper und Geist. Drehung für Drehung werden die Griffe vertrauter und erste Gefäße entstehen.

Am dritten Tag werden die Schalen, Becher oder Tassen abgedreht, bis sie lederhart sind. Man verziert sie mit farbigen Engoben und dekoriert sie mit Sgraffito- oder Ritztechnik. Nach dem Brennen glasiert Antje Altehöfer die Gefäße und brennt sie nochmals. Beschwingt holt man die Gefäße ab und schaut sie bewundernd an, weil man nun weiß: Der Weg war das Ziel.

Werkhaus No. 12, Antje Altehöfer, Schlossgasse 12, 67157 Wachenheim, Tel. (0 63 22) 98 05 24, www.antje-altehoefer.de

RAUS AUS DER KOMFORTZONE!

Wer nachts das Knistern des Waldes und das Brüllen des Hirsches lieber hört als Zivilisationsgeräusche auf dem Campingplatz, sollte die Trekkingcamps im Pfälzerwald erwandern.

Was in Schweden nach dem Jedermannsrecht selbstverständlich ermöglicht wird, ist in Deutschland normalerweise verboten – das Campen in der Natur. Dabei ist diese Erfahrung mehrfach lohnend: Man erhält unvergleichliche Sinneseindrücke, schaltet ab, verlässt die Komfortzone und sich auf die eigenen Sinne. Zum Glück hat die Pfalz als freiheitsliebende Region von April bis Oktober 15 Trekkingplätze auf Lichtungen oder Anhöhen im Pfälzerwald geöffnet, um die Zelte im Wald aufzuschlagen. Ohne Handyempfang, Badezimmer und Küche lässt man als „geregelter Wildcamper" allen Komfort und Chichi zu Hause. Ausgerüstet ist man aber mit der SÜW-Touren-App und detailliertem Kartenmaterial, das auch offline funktioniert.

Für mich!
Feuerstelle und Holz-Toilettenhäuschen sind vor Ort

Auf geht's zum Beispiel zum Trekkingcamp Frankenstein: Von der S-Bahn-Station geht man vorbei an der Burgruine Diemerstein etwa 2 Kilometer hinauf bis zum Camp mit bester Aussicht. Man trägt nur leichtes Gepäck mit sich, das auf den Rücken passt: (Baum-)Zelt, Isomatte und Schlafsack oder Hängematte sowie wohlige Kleidung, Wasser, Feueranzünder, etwa zu essen, Campinggeschirr, Stirnlampe und Insektenschutzmittel. Am Camp angekommen, überkommt einem das Gefühl von lauschigem Sommerabend. Man nimmt den Wald als Wohnzimmer wahr: Wo sprudelt Wasser aus dem Bach oder der Quelle? Wo liegt man eben? Wo hat man freie Sicht auf den Sternenhimmel? Das Zelt wird aufgebaut, der Schlafplatz gerichtet, das Abendessen am Feuer vorbereitet. Man übernimmt die Gemächlichkeit der Natur, schaut auf Sonne und Mond statt auf die Uhr. Man kann es kaum erwarten, den Wald und sich selbst im Dunkeln kennenzulernen. Sterne und Glühwürmchen spenden Faszination und Licht. Grillen zirpen, Nachtigallen stimmen zur Nacht ein. Aus erster Angst vor dem Unbekannten werden Stärke, Mut und die Gewissheit, dass die Natur das schönste Schlafzimmer ist, wenn die frühen Vögel die Morgenröte besingen.

Trekkingcamp Frankenstein, 67468 Frankenstein,
www.trekking-pfalz.de/plaetze/frankenstein

Bibliografische Information der Deutschen Nationalbibliothek
Die Deutsche Nationalbibliothek verzeichnet diese Publikation in der Deutschen Nationalbibliografie; detaillierte bibliografische Daten sind im Internet über http://dnb.d-nb.de abrufbar.

© 2023 Droste Verlag GmbH, Düsseldorf
Konzeption/Satz: Droste Verlag, Düsseldorf
Einbandgestaltung: Vernice Collet, Düsseldorf
Fotos: Katja Edelmann, außer:
Baumhaus Sankt Martin: S. 159; Stefan Bergmann: S. 127; Bildarchiv Südliche Weinstraße e. V.: S. 167; Bildarchiv Zehnthaus e.V.: S. 31; Blumen Gaab: S. 35; Nadine Bub: S. 24, S. 103; Café Augenwaide: S. 45; Isabelle Dous/Mira Suppen- und Salatbar: S. 95; Ferienbahnhof Reichenbach: S. 163; Walter Gramlich: S. 47, S. 154; Lucie Greiner/Blausinn: S. 9, S. 132; David Haase/Schönfeld Tee-Gärtner: S. 14, S. 85; Martina Horak-Werz: S. 61; Hotel René Bohn: S. 77; Anja Jahn/Winzerblau: S. 91; Just Float: S. 11, S. 52; Kloster Hornbach: S. 137; Franz-Josef Knoll: S. 29; Kreisverwaltung Kusel: S. 27; Landidyll Hotel-Restaurant Klostermühle: S. 147; Lindner Hotel & Spa Binshof: S. 39; Palatinascout Volker Schledorn: S. 123; Rosengarten Zweibrücken: S. 97; Ilona Schäfer/Hack-MuseumsgaARTen: S. 71; Martin Seebald: S. 37, 104, S. 105; Stock.adobe.com: S. 25 (butterfly-photos.org), S. 53 (Halfpoint), S. 88 (Milles Studio/Stocksy), S. 93 (artepicturas), S. 101 (AYAimages), S. 116 (Bisual Photo), S. 117 (selenit); Verbandsgemeinde Otterbach-Otterberg: S. 121; Wahlbacherhof: S. 15; Waldhotel Felschbachhof: S. 161; Ralf Weber/Gemeinde Rumbach: S. 19; Weingut Janson-Bernhard: S. 129; Weingut Josef Biffar: S. 119; Zentrum in Balance: S. 89, S. 99
Druck und Bindung: LUC GmbH, Greven

ISBN 978-3-7700-2380-6
www.droste-verlag.de